JN115932

社長！こんな会計事務所を顧問にすればあなたの会社絶対に潰れませんよ！

㈱しのざき総研 代表取締役
篠﨑啓嗣

㈱イージスコンサルティング 代表取締役
西川佳德

マネジメント社

まえがき

コロナ禍で多くの企業が苦境に立たされています。

非常事態宣言などで直接大きな損害を被っている飲食業、旅行業、イベント業のみならず、これらに直接的・間接的にかかわる業種にも影響は及び、いわゆる卸小売業・サービス産業全般が厳しい経営状況に陥っています。

政府は手をこまねいているわけではなく、雇用調整助成金、休業補償、持続化給付金という現ナマを撒き、銀行融資については、保証協会の保証料免除、金利3年間無利子あるいは低利、返済は最長5年間猶予といった金融支援、さらにはｇｏ ｔｏトラベルという旅行業界向けの支援策などを次々に打ち出しました。

こうした施策などで、「これで一段落するだろう」と期待していたのも束の間、第三波、第四波の感染拡大が訪れました。こうなるともう打つ手に限りがあります。赤字国債を乱発するわけにもいかないでしょうから、どこかの時点で「あとは自助努力で」ということになります。潤沢にあった東京都の財政も底をついたようです。

こうして、コロナ禍がいつまで続くのだろうかと国民全員が将来に不安を抱えているのが現在の世相でしょう。

景気が悪化し始めたのは、じつはコロナ禍が原因ではありません。コロナ禍が拍車をかけたのは事実ですが、２００８年に起こったリーマンショックによる不況から回復し始めて、すでに10年以上も好景気が続いていました。景気循環のセオリーからしても、２０１９年末に日本経済はピークを迎えていたのです。

さらに、人口減少により、日本経済全体がシュリンク（しぼむ）しています。国立人口問題研究所の推計では２０２０年の日本の人口は１億２５５７万人でしたが、20年後の２０４０年には１億１０９２万人、２０６５年には８８０８万人にまで落ち込むとされています。

経済活動は人口がベースとなるものです。とりわけ内需は人口がすべてといっても過言ではありません。人口減少の影響はあらゆる業種に及び、日本経済全体の景気低迷が今後も続いていくのは間違いありません。

それをカバーするには、国際化や情報化の進化と高度化によって外需で稼いでいかなくてはなりませんが、この点について、日本は先進各国から遅れをとっています。人材の国際化は進んでいませんし、ＡＩを始めとする情報技術はＧＡＦＡ（グーグル、アマゾン、フェイスブック、アップル）やマイクロソフト等の世界的企業の後塵を拝しています。加えて、コロナによって世界規模の製薬会社はワクチンで未曽有の利益がもたらされるでしょうが、日本企業にはこうした明るい材料は何もありません。

このようにマクロの経済を俯瞰して見ると、日本経済の将来は正直明るくないと言わざるを得ません。この大きな潮流を把握したうえで、われわれのような中小企業はどのように生きて行けばよいのか、です。

ダーウィンの進化論によれば、「生物は、（環境の）変化に対応して進化できたものしか生き残れない」といいます。企業が生き延びることができるかどうかは、これと全く同じです。マクロ経済がシュリンクしている、コロナ禍はしばらく続く、政府の金融支援策には限界がある、という環境にあって、さまざまな創意工夫によってそれらの難関を潜り抜けていくことが求められているのです。

つまり、企業経営にも進化が必要なのです。そのためには人材育成（人）や技術革新・製品革新・販売革新（物）などの革新が必要でしょうが、これらは口で言うほど生易しいものではありません。一朝一夕にはできないものです。

筆者（篠﨑啓嗣と西川佳德）が本書で述べていくのは、主として財務戦略（金）についてです。これも簡単なものではありませんが、経営者の学びと努力、そして会計事務所のサポートによって、さまざまな財務戦略上の工夫ができます。

企業はお金を稼ぐところです。「世のため人のため」という社会的な存在かもしれませんが、そのためには何はなくても資金が必要です。売上で稼いだ資金、支払う資金、投資する資金、借り入れる資金、多種多様な資金をマネジメントしていかなくてはなりません。かつてのように事業はどんぶり勘定、経理や決算は会計事務所まかせ、資金は銀行がなんとかしてくれる、といった経営では立ち行かないのです。しかし、程度の差はあっても、このような中小企業がけっして少なくないのが現実なのです。

人、物、金、これらすべての経営資源は経営者が何とかしなくてはなりません。このうち人と物は社内でやっていくしかありません。経営者は人と物に対して具体的手段を講じ、売上確保に奔走していくのが使命です。そして金も経営者マターですが、これについては、会計事務所が自らを進化させ、経営計画や損益計画、資金繰り表の作成支援等をすることができれば、経営者の大きな味方になります。

ＡＩの進展で、企業経営を取り巻く環境は今後も大きく、早く、進化していくことは間違いありません。そんな時代に旧態依然とした経営では、企業は早晩淘汰されるでしょう。そして、会計事務所が単なる入力作業代行・税務申告代行のままであれば、やがてＡＩに取って代わられてしまうでしょう。ＡＩでなくても、企業の自計化や有能な財務ソフトを活用すれば、今の会計事務所の多くの業務はほとんど可能になります。

中小企業や会計事務所がそうならないために、どうすべきかを解説したのが本書の主題です。本書の第1章～第3章、第7章は主として西川佳徳が執筆し（第7章の一部は篠﨑）、第4章～第6章は主として篠﨑啓嗣が執筆しています。西川は会計事務所、コンサルティング会社勤務を経て、財務コンサルタントとして独立、さまざまな中小企業の財務改善に心血を注いでいます。篠﨑は地銀勤務の後、事業再生会社等を経て独立、同じく財務コンサルタントとして事業再生や経営改善支援などを手掛けています。

本書においては歯に衣を着せず、会計事務所（本書では会計事務所≒税理士事務所）にも厳しい指摘をしていますが、根本的な目的は、企業経営者も会計事務所も「脱皮」しなければならないことを理解していただくことです。そしてそのために、企業の経営改善の方途としての財務改革について、筆者の経験とノウハウの一端を明らかにしました。これらのことが読者の皆様のお役に立つことができれば、筆者として幸いこの上なく思う次第です。

篠﨑 啓嗣
西川 佳徳

もくじ　社長！ こんな会計事務所を顧問にすれば あなたの会社絶対に潰れませんよ！

まえがき　3

第1章　事業再生が必要な会社の顧問会計事務所はこんなパターンが多い

01 法律違反の意識がなく、当然のように粉飾決算書を作成する　17
02 提出先に応じて決算書を複数作成する　20
03 棚卸資産、有形固定資産を繰越損失の貯金と考えている　22
04 減価償却を正しく計上せず、利益調整をしてしまう　25
05 課税所得に関係ないからと、すべて「雑費」で処理している　30
06 債務免除益を活用して、赤字を黒字化することを勧める　32
07 貸借対照表（BS）に関心がない　34
08 節税に生命保険を勧める　36
09 経営者の言うことをそのまま聞く　38
10 顧問料の更新を申し入れない　40
11 契約以外のことは一切やらない　42

12 威厳を保ちたがるが、対応が遅く、スピード感がない 44
13 会社のＩＴ化を積極的に提案してくれない 46

第2章 あなたの会社の顧問会計事務所は何をしてくれますか？

14 税理士は会社のホームドクター 51
15 会計事務所の仕事は、伝票の仕訳と税金の計算だけなのか？ 54
16 税理士には独占業務がある 58
17 決算書の内容と社長の感覚はフィットしてますか？ 60
18 会計事務所に教えてもらう節税方法よりも、もっと大切なことがある 62
19 節税はどこまでやるべきか 64
20 会社の顧問会計事務所は、経営計画の作成支援をしてくれますか？ 66
21 金融機関の紹介や他社とのマッチングをしてくれますか？ 68
22 会社の顧問会計事務所に質問していますか？ 72
23 月一の税理士の訪問は必要ですか？ 74

第3章　会計事務所の実態知ってますか？

24 全国にいる税理士の人数は？ 79
25 会計事務所にはどんなスタッフが何人いる？ 83
26 会計事務所の職員は税理士を目指している⁉ 85
27 会計事務所の担当者はどんな人ですか？ 87
28 税理士資格は1種類でも、税法は複数ある 89
29 顧問契約を締結する際に気をつけること 91
30 報酬（顧問料）の相場を知っておこう 94
31 税理士の年間スケジュールを知っておこう 97
32 税務申告以外の業務をどこまで依頼できるか 99
33 これからの会計事務所のビジネスモデル 102
34 税務調査における税理士の関わり方 105
35 ＩＴ化、電子申告が進んでいる 109
36 意外と多い会計事務所の保険勧誘 112

第4章 資金繰り表を作成しない会社は生き残れない

37 資金繰り表を作成しない・できない会社がじつに多い 117
38 試算表と資金繰り表は融資のマスト要件 120
39 資金繰り表を作成しないのは経営者の怠慢 122
40 通帳と主要な指標をチェックするだけでも、過去の経営状況はイメージできる 124
41 まず「過去の（実績）資金繰り表」を作成してみる 126
42 会計ソフトでは資金繰り表は作成できない 132
43 辻褄が合っているように見せかけている資金繰り表はNG 138
44 資金繰り表は3～6か月先を予見する 140
45 資金繰り表の作成にはコンサルタント料を払うべし 144
46 早く試算表がほしいなら、自計化するしかない 146
47 社員にお金の流れを意識させる 148
48 プロ経理パーソンの養成が急務 150
49 資金繰り表を作れない元銀行員を経理社員にしてはいけない 152

第5章 銀行融資の決め手になる財務管理資料はこうして作る

50 経営計画・損益計画はタラレバで作る 157
51 根拠ある経営計画は7W3Hで表現する 160
52 直近12か月の損益計画～資金繰りをシミュレーションする 162
53 固定費を流動化できるかどうか 164
54 過去の試算表を元に、損益内容を分析する 167
55 部門別に損益計画と資金繰り表を作成する 170
56 事業性評価できる損益計画はこうして作る 172
57 銀行が求める資金繰り表を会計事務所がなかなか作成できない理由 184
58 銀行、信用保証協会が資金繰り表を要求するのはなぜか 186
59 返済1年据え置きは、信憑性あるストーリー次第 188

第6章 金融機関の融資はこうして決まる！

60 「借入申込書」の存在を知らなければ、銀行融資を語る資格がない 193
61 「貸出申請書（稟議書）」が通れば、融資はＯＫ 196

62 短期借入のほうが資金管理しやすい 198
63 長期借入の一部を短期にしてみる 200
64 短期継続融資で回していくと経営は改善する 202
65 長期資金のみの企業は返済原資が足りなくなる 206
66 返済原資不足の場合、銀行は何をチェックするか 208
67 個人資産を築いた経営者は評価される 210
68 金融機関は決算書で会社を査定する 212
69 銀行はこうして融資先を格付けする 214

第7章 コンサルテーション機能がある会計事務所を財務顧問にすべし

70 決算書を作成するだけで、新しい情報の提供がない会計事務所は不要になる 219
71 企業も会計事務所も峻別されていく 222
72 税務署サイドの意見に同調する会計事務所は、存在する意味がない 224
73 無借金経営を勧める会計事務所は、企業経営というものを理解していない 226
74 保険で節税を勧める会計事務所は、本来の保険の意義を理解していない 228
75 粉飾で黒字決算にしようとする会計事務所は、顧問先が経営破綻を招きやすい 231

76 「税金を払ってお金を残しなさい！」と進言する会計事務所を顧問にすべし 234
77 心ある会計事務所は、顧問先企業を事業再生のフェーズにさせない 236
78 毎月15日までに前月の試算表を必ず完成させるべし 238
79 6か月先の資金繰り表を作成して、資金状況を予測する会計事務所を顧問にすべし 240
80 仮説を立てられる会計事務所が求められている 242
81 これからの会計事務所はコンサルテーション機能を担うべし 245
82 何だかんだ言っても、本当の意味での相談相手は税理士しかいない 248
あとがき 250

第1章

事業再生が必要な会社の顧問会計事務所はこんなパターンが多い

さまざまな企業の財務コンサルテーションをしていると、「こんなことが実際に行われているのか?」と驚くことがよくあります。私(西川)は苦境に立っている企業の事業再生のお手伝いをしていますが、事業再生を財務面でサポートする際、経営実態を把握するために、経営者とその企業の顧問である会計事務所の税理士や職員にヒアリングをします。

その際に、事業再生が必要となる会社の顧問会計事務所(以下顧問税理士)には多くの共通点があります。どのような共通点があるか、パターンを見ていきましょう。

断っておきますが、以下に紹介するのは、事業再生のフェーズに移行した企業の顧問会計事務所の例ですが、実際に事業再生までいかなくても多くの企業でも散見される事象です。あなたの会社にも当てはまる事象が2つ以上あれば、経営状況はすでに黄信号になっているかもしれません。

01 法律違反の意識がなく、当然のように粉飾決算書を作成する

粉飾は企業会計原則に反している

個人であれば、12月31日、法人であれば、年に一度、決算を行う必要があります。その際に、経営者が税理士に対して

「いやぁ、先生、銀行の手前、赤字決算はマズイんですよね。何とか黒字にしてもらえませんか？」

あるいは税理士から経営者に対して

「社長、赤字決算にしたら銀行は融資をしませんよ。黒字にしておきましょうか？」

などという話はよく耳にします。

税理士は、その使命から脱税に加担することはしません。ところが、悪い業績をよく見せる「粉飾」については、意外と多く行われています。

いちばん多いのは、減価償却費を計上しないことです。これを言うと「法人税法上は、減価償却費の計上は任意だから、そもそも適法だ！」という税理士がいます。本当でしょうか？

法人税法を含むすべての会計制度の前提になっている決まり事として、企業会計原則というものがあります。

その企業会計原則の第二損益計算書原則に、「費用及び収益は、その発生源泉にしたがって明瞭に分類し、各収益項目とそれに関連する費用項目とを損益計算書に対応表示しなければならない」（費用収益対応の原則）と記載されています。

そのため、実際には保有する有形固定資産（工場や機械工具、車両など）を使用して企業活動を行っているにもかかわらず、これを使用していないことにして**減価償却費を計上しないことは、法人税法云々という前に、明らかに粉飾**なのです。**企業会計原則に反して作成された決算書は、企業の実態を表しているとは言えません。**

また、本来、翌期に計上すべき売上を今期に早期計上したり、そもそも実在していない売掛金を架空計上したりします。さらに、発生経費の一部を除外して、**相手勘定科目を社長貸付金や仮払金で処理する粉飾**も散見されます。

このようにすれば、その期は確かに見栄えのよい（黒字の）決算書ができるかもしれません。しかし、損益計算書は一期でクリアされますが、貸借対照表は今期と来期を繋ぐ連結環としての役割を有しますので、これを元に戻すのは大変な労力が要ります。

そもそも、会計事務所のあるべき姿は、顧問先企業が赤字に陥った場合には、今までの経験を基にその原因を、例えば、外部環境である「機会」と「脅威」、内部環境である自社の「強み」と「弱み」の四つの要因から検証し、分析したうえで、これを来期以降、どのようにして克服していくかを経営者と一緒に考えることが必要なのです。本来の税理士のあるべき姿と私は考えますが、いかがでしょうか。

事業継続を第一義に考えるのであれば、**粉飾決算によって作成された「その場限りの見栄えのよい決算書」**など、**百害あって一利なし**です。

Check!

□粉飾は違法行為である
□資金繰りの厳しい会社が粉飾決算で税金を余分に支払えば、資金繰りはさらに悪化する
□粉飾は税務署からお咎めがなくてもやってはいけない
□粉飾決算、銀行はすぐに見抜く

02

提出先に応じて決算書を複数作成する

企業会計原則「単一性の原則」に反する

当然ですが、**会計帳簿はこの世に1つだけです**。決算書は利用目的（例えば、税務署提出目的、株主総会提出目的等）によって異なる表示形式で作成されることはあります。しかし、それらはすべて単一の会計帳簿から作成されることを要請されています（**企業会計原則「単一性の原則」**）。そのため、複数の決算書を作成しようとすれば、会計帳簿を改ざんする必要があります。こうなるとかなり重症で、元に戻すことが難しい。

私が過去に相談を受けた会社で、決算書が5通作成されているケースがありました。借入金融機関毎に別々の決算書が3通、建設業を営んでいたので、経営事項審査（経審）の点数維持のために1通、税務署に提出したものが1通です。すべて損益計算書の数値は同じなのですが、その内訳がそれぞれ異なり、貸借対照表に至っては、本来存在しない定期預金の計上がなされており、悪質なものでした。

相談の内容は、「これを一本化したいがどうしたらよいか」というものでした。私は「関係各位に正直に現状を情報開示し、そのうえでどうするかを検討すべき」とご返答申し上げたのですが、経営者と顧問税理士に決心してもらえず、相談のみで終わりました。

後日、その経営者から連絡がありました。

「(経営者がうっかり)A銀行に提出していた決算書をB銀行に提出してしまい、そこから不正が発覚。借入金の一括返済を求められたが、どうしたらよいでしょうか?」

こうなると、今までの経緯と現状をすべて開示して、今後の改善計画を提示し、金融機関と交渉する必要があるのですが、そこでも会計事務所が自分の責任追及を恐れてこれを拒否、最終的にその会社は法的に整理されることになりました。

そもそも会社の決算書を複数作成する段階で、会計事務所がそうなった原因を追究し、その改善策を経営者とともに策定し、実行していけば、会社が法的整理されることにはならなかったのではないかと思われ、残念でなりません。

Check!

□一度改ざんした経理資料は、なかなか元に戻せない
□複数の決算書を作成する企業は、銀行から二度と信用されない

03 棚卸資産、有形固定資産を繰越損失の貯金と考えている

会社の経営実態が反映されない

普通の会社には、多かれ少なかれ原材料、製品、商品などの在庫があります。

ある会社では、実際に物理的なモノとしては存在しているけれども、販売価値はすでにない原材料在庫がありました。私は「**貸借対照表は企業の財政状態を適正に反映したもの**」との考えを持っているので、その期の決算が赤字でも黒字でも「廃棄処分しましょう」と経営者に助言し、経営者もそれに同意してくれました。

そこで、決算時期になって、会計事務所が利益を計算すると、その在庫を廃棄する前の段階で、税引前当期純利益が赤字となりました。

そうすると、担当税理士は「処分して繰越損失にするよりも、原材料のまま持ち越して、利益が出た段階で除却してはどうですか？　そのほうが期限で繰越損失が消えるこ

■不良在庫を廃棄処分した場合のメリット

- **●棚卸資産（取得価格で計上した場合）**
  1,000万円（損失計上できない）
- **●棚卸資産（半分を廃棄処分した場合）**
  500万円（500万円の損失計上）
  - 税引前利益が減少（赤字になる場合も）
  - 倉庫代の減少（倉庫会社との契約による）
  - 電気代等の保管コストの減少
  - 倉庫保険料の減少（保険料は半分でよい）

ともないですし」と言ってきたのです。

ここで、会社は、利益（≒課税所得）が出れば、法人税を支払う義務が発生します。一方で、損失が計上されれば、その損失は次期以降の利益と相殺できるため、繰越損失という形で翌期以降に損失という〝貯金〟として繰り越されます。

これは、現在の税法で最長10年間繰り延べることができます。逆に言うと、**今期で計上された損失は10年の間でその分の利益が確保できなければ、法人税法上は消えてしまう**ことになります。

一方、棚卸資産については、モノが存在している限り取得価格で帳簿に計上されているので、これを処分せずに、将来利益が出た時まで待っておき、利益が獲得できた時に廃棄損失を出して費用化するということになります。

結論としては、税理士の助言のほうが無駄な納税を回避することができるかもしれません。しかし、その方法だと、今後販売される見込みがない原材料、つまり換金価値のないモノが決算書に計上されたままになり、会社の実態を反映しないことになります。

また、**実務的にも在庫は、倉庫のかなりの部分を占拠しています。適正在庫であればまだしも、将来使用される事も販売される見込みもない、いわゆる不良在庫を維持しておくことで発生する倉庫の賃料、電気代、保険料、決算時の棚卸計算費用等のランニングコストが発生する**ので、会計事務所が主張する方法には経済的合理性がないのです。

適切な範囲で利益の繰延を行うことも大切ですが、健全経営を行っていくほうがより大切だと思いますが、如何でしょうか?

Check!

□資産価値のない不良在庫には余分な費用がかかる（倉庫代、電気代ほか）
□資産価値のない不良在庫を資産計上すると余分な税金がかかる
□資産を時価で算定しないと、企業の本当の資産状況がわからない

04 減価償却を正しく計上せず、利益調整をしてしまう

実際の損益がわからなくなる

会計事務所が利益を調整するいちばん簡単な方法が「減価償却費」の計上です。

本来は、**法人税法よりも上位概念である企業会計原則に、「その有形固定資産を使用して売上を上げたのであれば、その分の費用（減価償却費）も計上しなさい」という費用収益対応の原則**が記載されているので、有形固定資産を使用したのであれば、必ず月割で計上すべきものです。

ところが、実際はその一部を通年で使用しているにもかかわらず、使用していないこと（遊休設定）にして、減価償却費の計上をしないのです。これは、企業の正しい損益状態を示しているとは言えません。しかし、多くの決算書にこれは見られます。

また、耐用年数についても検討が必要です。減価償却費を計算する際に用いる法定耐

用年数は、国税局が「だいたい、この機械は平均的に5年ぐらい使えるから、5年で取得原価を各会計期間の費用としなさい」などといって定めているものです。

ところが、同じ機械であったとしても、5年までしかもたない会社もあれば、10年以上もつ会社もあるので、それぞれの企業の実態に即した耐用年数を用いるべきなのですが、税法上は、課税の公平を図る観点から、「この機械は5年間使えるので、耐用年数は5年」と全国均一に定めています。

しかしこれでは、会計処理上は正しくても、企業の実態を示しているとは言えません。このように**決算書が税法の規定にしたがって適正に作成されていても、必ずしもその数値が企業実態を示しているわけではない**のです。

この点については、企業実態に合わせた減価償却費を計上し、税金の計算をする別表で加算する方法があるのですが、多くの会計事務所はこれを行いません。

具体例で見てみましょう。例えばA社とB社で営業活動に使用する３００万円の車両（普通乗用車：新車で10万km以上走れる車）を1台購入したとします。

A社はバリバリの営業会社ですので、過去の実績から年間で2万kmの走行が見込まれます。一方でB社は本社近場のルート営業ですので、年間の走行距離は１万kmと推定されます。

■減価償却費（実態）の比較

A社の耐用年数　10万km ÷ 2万km（年間）＝ **5年**
A社の減価償却費　300万円 ÷ 5年＝ **60万円**
B社の耐用年数　10万km ÷ 1万km（年間）＝ **10年**
B社の減価償却費　300万円 ÷ 10年＝ **30万円**

そうすると、A社の耐用年数は10万km÷2万km＝5年、同じくB社の耐用年数は10万km÷1万km＝10年となり、1年間で計上される減価償却費（定額法と仮定）はA社では300万円÷5年＝60万円となり、B社では300万円÷10年＝30万円となります。

一方、各社が自社の個別事情に応じて自動車の耐用年数を決めると公平に課税することが困難になるので、法人税は新車の普通車は耐用年数を6年と定めています。そのため、A社もB社も300万円÷6年＝50万円が年間減価償却費計上額となります。

本来であれば、決算書は企業の財政状態と経営成績を適切に開示すべきものであるので、会計としてはA社の減価償却費は60万円、B社の減価償却費は30万円と計上したうえで、**A社については別表4で▲10万円減算処理（法定耐用年数6年・50万円との差額）するのが正しい**のです。つまり、A社のように会計上の償却費＞税務上の償却費のときに、超過した会計上の

■減価償却費の会計処理

● A社の場合

減価償却費　300万円÷5年＝**60万円**

別表4による減算処理　**－10万円**（損金不算入）

● B社の場合

減価償却費　300万円÷6年＝**50万円**（法定年数）

償却費を減価償却超過額として別表4で損金不算入にします。この減価償却超過額は翌事業年度以降に累々と繰り越されていきます。これで、決算書は車両の実態を開示することができ、同時に課税の公平も確保されることになります。

一方、B社は何も処理をしません。B社の場合は、A社と異なり実際に使用できる期間が法定耐用年数よりも長いので、その時点で決算書上に車両の実態を示していることになります。また、法人税法上も会計処理した減価償却費を税法上の手続きにしたがって計上された分だけ認めるということになっていますので、何も特別な処理をしません。

このように、本来なら企業実態に即した耐用年数で会計上は減価償却を計上し、その差額分を別表4で加減算すべきですが、多くの会計事務所は法定耐用年数を使用します。

私に相談にこられた方は「実際は約5年で入れ替える機械なのですが、法人税法上の法定耐用年数が10年なので、税理士が減価償却費を10年で計算している。経営者としては、設備投資分を5年で回収したいと考えているので、それを基に売価設定等を検討したいが、製造原価の減価償却費が実態の半分しか計上されていないため、意思決定が正確に行えない」ということでした。

そこで、会社の会計事務所に私から話をしたところ、「言わんとすることは理解できるが、それをすべての設備に行うと膨大な手間がかかるし、また、税務調査の時に説明が必要なので、対応できない」と言われました。

これには経営者もがっかりした様子で、最終的には、この会計事務所との顧問契約を解除されました。

読者の皆さんも自社の減価償却費の計上がどのようになっているか、一度、会計事務所の税理士に確認されるとよいでしょう。

Check!

□有形固定資産があれば、減価償却費は必ず計上すべきもの
□減価償却額は法定基準よりも経営実態で計上する

05

課税所得に関係ないからと、すべて「雑費」で処理している

経営実態がわからず、分析ができない

決算書がわかりにくい理由の1つとして、勘定科目の内容が不明確である点が挙げられます。**勘定科目は、会社の経理処理方針によって、継続使用することを前提にある程度自由に設定**することができます。

販売費及び一般管理費のなかで、「交際費」「寄付金」「給与」などは法人税法と密接に関係するので区分が必要ですが、それ以外はある程度会社の裁量にゆだねられています。例えば、ボールペンを購入した場合、「事務用品費」と「消耗品費」のいずれの勘定科目を使用しても特に問題になりません。

私が相談を受けた会社では、「交際費」「寄付金」「役員報酬」「給与」以外はすべて「雑費」で処理してある決算書でした。さすがに、これでは企業実態がわからないと思い、すぐ

に経営者に確認したのですが、「この点については金融機関からいつも指摘を受けますね。さすがにこの決算書はよくないと思うのですが、会計事務所は税法上問題ないと言うし、社内管理は、自社のソフトで行っており、試算表を見ることはないので、それでよいかと思って今までそれでできています」とのことでした。

会計事務所にも電話で確認したところ、「勘定科目を詳細に区分しても、税金の計算に関係ないから、まとめて処理しているんです」というのです。これでは、例えば「広告宣伝費」の対売上比率とか年次推移を見るとかといった分析ができません。

また、別の会社では、販売費及び一般管理費を非常に細かく分類し、毎年、勘定科目が増えていました。こちらも、年次推移を分析することが難しく、決算書を経営の意思決定に資する資料として使用することができません。

経営の実態を知るには、勘定科目をいい加減にするのはまずいと思うのですが、実際にそんな会計事務所もありました。

Check!

- □販売費及び一般管理費の勘定科目の設定は自由だが、いい加減にしない
- □「雑費」での計上は、他の勘定科目に該当しないものに限定する

06 債務免除益を活用して、赤字を黒字化することを勧める

銀行は債務免除益での黒字を評価しない

本当は違うのですが、会計事務所は「赤字決算になったら銀行の融資が受けられないので、黒字化しておきましょう」とよく言います。その方策の1つとして「役員からの借入金を返済しなくてよいこと（債務免除）にして、利益を出して黒字にしましょう」というアドバイスがなされます。

一見、粉飾をするわけではないので、これでよいようにも思えますが、どうでしょうか?

まず、**金融機関は、債務免除益での黒字は評価しません**。そもそも債務免除などしなくても、決算書にその他の借入金と区分して記載した上で、決算書提出時に「この役員借入金は、当面の間は返金しないので、資本金としてみなしてほしい」と金融機関に説

■役員借入金の会計処理

●役員借入金をそのまま計上した場合

短期借入金

役員借入金　1,000万円

・そのまま流動負債として計上される

●役員借入金を全額免除した場合

短期借入金

役員借入金　0円

・1,000万円の免除益が発生する

明するのです。これだけでOKです。

また、役員借入金は、過去に所得税も社会保険の負担もしたうえで個人に入ったお金を会社に貸し付けているのですから、これを免除して、また儲かった時に取るというのは、再度、所得税と社会保険を支払うことになり、経済的合理性を欠きます。

したがって、役員借入金はよほどのことがない限り、これを免除して利益化する必要はないのです。

Check!

□当面の間は返済しない役員借入金は、実質的に資本金とみなしてよい

□役員借入金は、よほどのことがない限り、免除しないほうがよい

07 貸借対照表（BS）に関心がない

資産と負債の状況がわからない

税金の計算は、損益計算書の税引前当期純利益を基に計算されます。正しい法人税を計算することを第一とする税理士（第2章で解説）は、損益計算書は正確に作成するのですが、税金の計算に関係のない貸借対照表には気を配らないことがあります。

例えば、期中に支出された使途不明金は、その発生原因を詳細に調べることもなく、すべて社長貸付金で処理したりします。また、同じく使途不明金を仮払金で計上しておいて、数期間もそのままの状態で放置していることも多い。

金融機関は損益計算書も見ますが、それよりも貸借対照表を重視します。**社長貸付金は、いつ返ってくるかわからないお金なので、金融機関は原則として純資産の部から控除**します。また、**仮払金は将来、返金を受けるか、もしくは将来費用化されるお金なので、こちらも貸借対照表の純資産から控除**します。

これらは、損益計算書で利益は出ていても、銀行からの融資を獲得できない会社に多いパターンです。そして、この役員貸付金や仮払金を消すために、翌期以降の役員報酬を引き上げ、決して安くはない源泉所得税と社会保険料を負担した残りのお金で、徐々に返済していくという方法をとって、社長貸付金と仮払金を消していきます。この方法に経済的合理性はあるでしょうか？

損益計算書は一会計期間（1年）でいったんクリアになりますが、貸借対照表は会計期間と会計期間を繋ぐ連結環としての役割がありますので、**いったん計上された社長貸付金はなかなか消し去ることができない**ものです。これをクリアにして企業実態に合致するまでには数年を要することも珍しくありません。したがって、資金使途がわからないからといって安易に社長貸付金や仮払金にするのではなく、決算時に内容をキチンと確認し、会計事務所に適切な処理を依頼したほうがよいでしょう。

Check！

□金融機関は損益計算書よりも貸借対照表のほうを重視して見る
□「資産」に計上されている社長への貸付金や仮払金は資産評価されない
□使途がわからない資金を安易に社長貸付金や仮払金にしない

08

節税に生命保険を勧める

キャッシュフローを著しく悪化させる

会社が利益を上げているとき、経営者は必ず税理士に聞いてきます。

「先生、いい節税法はないですかね？」

もちろん、合法的に、です。

これは、決算6か月前であればいろいろ知恵が出てくるでしょうが、経営者が言ってくるのはだいたい決算月とか直前月です。あるいは決算月を過ぎて言ってくることもあります。

こういう時期では打つ手は限られています。

売上の繰延、経費の前倒しは常套手段ですが、これは節税ではなく、明らかに脱税です。ほかにも外注費とか販売費や一般管理費の水増しをしたりすると、数年後の税務調査で発覚し、追徴課税になることが多いのです。

そこで会計事務所は「生命保険を使いましょう」と、年払いの生命保険に加入することを勧めたりします。

もちろん、これは合法です。

しかし、生命保険の年払いは、会社経営で最も重要な「キャッシュフロー」を著しく悪化させるのです。以前は節税として有利な生保商品もありましたが、現在はそういった商品もなく、**節税目的での生保加入は有利でもなんでもない**のです。

生保の加入による節税がいかによくないことか、第3章で詳しく説明しますが、会計事務所が節税に生命保険の加入を勧める理由は、他にもあったりします。会計事務所自身が生命保険会社の代理店になっていたり、特定の代理店からのキックバックがあるからです。

Check！

□決算期前後の売上や経費を調整するのは、節税ではなく脱税である
□年払いの生命保険に加入するのは、キャッシュフローを悪化させる
□会計事務所が保険加入を勧めてきたときは要注意

09 経営者の言うことをそのまま聞く

信頼できず、企業参謀になりえない

税理士は、会社の経営成績、財政状態を適切に把握することができる立場にあり、また、企業会計などに幅広い専門的知識を有していますから、経営者のよき相談相手であるべきです。そして、相談された事項について、自分が持っている知識、経験、あるいは人脈によって、最適解を提示することが会計事務所としてのあるべき姿です。

しかし、経営者との摩擦をおそれ、自らの意見に反していてもそれを言うことなく、経営者のイエスマンになっている税理士が少なくありません。税理士の収入は定期的な顧問料なので、顧問契約を継続してもらうためには、経営者の言うのをそのまま聞くことも理解できますが、それでは会社の発展もないし顧問料が上がることもありません。

経営者は、**専門的知識と経験によって的確・誠実に返答してくれて、場合によっては苦言を呈してくれるのであれば、その顧問税理士は離してはいけません。そういう税理**

士は、参謀として、御社の発展成長に寄与してくれます。

逆に、経営者が「赤字なら仕方がない」とあきらめていても、なんとか経理操作で黒字決算にしようとする会計事務所もあります。「黒字化するために減価償却費を計上しない」「次期の売上を今期に前倒し計上する」「決算月の費用を計上しない」など、いろいろな方法で黒字化します。このような処理をして**黒字化してもそれだけ税金を払うことになるので、税務署は何も言いません。**果たしてこれはよいことでしょうか。

この点を私が会計事務所に問いただすと、「黒字でないと金融機関からの融資が止まります！　だから黒字化しておきますね」と返答してきます。いまだに赤字＝融資が止まる、と考えている会計事務所が多いことに驚きます。

赤字であることは融資実行に有利には働きませんが、赤字の事実を受け止め、「どうしたら黒字化できるか」を経営者とともに考える。知恵も出す。もちろん、それに対する対価も受け取る。これこそが本来、企業参謀としての会計事務所のあるべき姿でしょう。

Check!
- □苦言を呈してくれる税理士は大事にすべし
- □黒字決算にこだわる税理士は真に会社のことを考えていない

10 顧問料の更新を申し入れない

能力のなさ、やる気のなさを示すもの

会計事務所が顧問料の更新を申し入れないことは、経営者にとってよいことかもしれません。しかし、逆に言うと、「今以上のサービスの提供はない」ということを会計事務所から提示されているようなものなのです。

経営者は、会社からの支出はすべて費用対効果を考慮していると思います。仮に顧問料が上がったとしても、毎月10日までに前月の試算表を提出してくれる、資金繰りに関する相談も乗ってくれる、経費節減の方法や売上向上についてのアイデアも出してくれるというのであれば、相応の顧問料を支払うでしょう。

そうしたことがなく、前年と同じことを行っていれば、そのまま推移すると思っているから、会計事務所からは顧問料の値上げ提示もないのです。

そもそも会計事務所（税理士）の報酬は、以前は法定されていたので、全国どこでも

ほぼ同一の報酬額でしたが、今は違います。各事務所が自社の報酬額を提示することができます。したがって、報酬額も提供するサービスにも差があるのは当然のことです。

経営者が最も重視するのは、事業が提供する付加価値を増加させ、企業を存続させることです。

そうであるならば、会計事務所から顧問料の値上げを言われる前に、逆に経営者の側から「毎月試算表は翌月15日までに提出してほしい。6か月後までの資金繰り表を作成してほしい。金融機関対応をしてほしい。これらを月額○○万円でやってほしい」と言ってみてはどうでしょうか？　きっと会計事務所も前向きに対応してくれると思います。

この**経営者からの提案に二の足を踏むような会計事務所だったら、要求するレベルの仕事ができない**と判断したほうがよいでしょう。

Check!

- □付加価値サービスを提案してくる会計事務所は顧問料の値上げを要望する
- □何も新しい提案をしてこない会計事務所は顧問料据え置きは当たり前
- □会計事務所のやる気と能力を見るには、新しいサービスを求めてみる

11 契約以外のことは一切やらない

向上心がない、意欲がない

会計事務所が顧問先から業務委託で請け負う内容は当初の契約で決定するので、契約以外の仕事を行わないというのは正しいとも思えます。

しかし、**向上心のある会計事務所は、契約範囲の仕事しかせず、件数をこなすことで生産性を上げるよりも、「ここまでやるから顧問料を上げてくれ」という交渉をしてきます。**

会計事務所の基本給はだいたい低い。私が今から17年前に会計事務所に入所した頃、日給8000円でした。データを見ると、平均年収は初任給で250万円程度、40代で450万円程度とのアンケート結果が出ていますが、自社の企業価値を高めてくれる会計事務所であれば、1000万円の顧問料でもよいのではないかと考えます。

■社内経理と社外経理のコスト比較

●社内で部長級の経理社員を雇用する場合
・年間報酬額　700万円
・法定福利費　110万円(社会保険料等)
合計　**810万円**

●会計事務所に重要書類の作成を委託する場合(決算費等は別途)
・年間報酬額　360万円(月額30万円)
合計　**360万円**

社内経理か社外経理か

入金、出金の管理、記帳代行は自社で行うとして、より高度な財務の仕事、例えば今後の資金繰り管理、金融機関対応、税務署対応等を行う経理部長を自社で雇用するのか、それともその役割を財務顧問として会計事務所が行ってくれるかをコスト面から比較したとき、仮に後者を選択した場合、会計事務所への報酬を引き上げてもよいのではないでしょうか。契約以外のことを一切やらない会計事務所には望めないことですが、これからはこうしたことを視野に入れたほうがよいでしょう。

Check!
□会計事務所にはより高度な財務の仕事をサポートしてもらうべき
□そのための報酬は高くてもよい
□社内で財務管理できる人材を採用しようとすれば年俸は高額になる

12 威厳を保ちたがるが、対応が遅く、スピード感がない

顧問先企業の事情を考えていない

決算書の打ち合わせ時にいつも難しい専門用語を使い、経営者が質問しようとすると「あぁ、それはいいです。こちらで処理しますので」といった具合に話を遮る税理士がいます。そういうとき、私はあえて、その会社の業界の話や金融機関の話をしてみます。そうすると、「うんうん」とわかったような返答をしますが、さらに突っ込んだ質問を続けると、「専門外なので、わかりません」と答えるのです。

経営者の多くは税法に関しては詳しくありません。理解しやすい言葉で話をしてもらわないと、内容がわからないまま間違った理解をしたのではお互いの利益になりません。

会計事務所は、税務代理というサービスを提供して顧問料をもらうわけですから、立派なサービス業です。それを忘れて、専門家として偉そうなものの言い方をしたり、威

厳を保ちたがるのは、お門違いもいいところです。

また、会計事務所は、昔から自社のペースで仕事を進める傾向にあります。「銀行から試算表を求められているので、すぐに作成してほしい」と要望してもなかなか試算表が送られてこない。やっと来たと思ったら3か月前のもの……なんてことを経験されたことはないでしょうか。

毎月の顧問契約をしているものの月次処理は重視せず、決算申告にさえ間に合えばよいと考えている会計事務所も多いのは事実です。そのため、常識ではあり得ないぐらい反応スピードが遅い会計事務所は普通にあります。

これは、顧問先経営者の側にも責任があります。記帳代行の月次契約をしているのであれば、試算表は毎月会計事務所に請求すべきです。税の専門家としての知識を活用してもらうために税理士と顧問契約を締結するわけですが、あくまで主導権は会社にある点を忘れてはいけません。


Check!
□会計事務所は企業に税務代理サービスを提供するサービス業である
□主導権は会社にある

13 会社のＩＴ化を積極的に提案してくれない

時流に適合していない

平成30年（２０１８年）の国税局レポートによると、平成29年（２０１７年）時点で、法人税については80％、個人の所得税については54・５％がｅ－Ｔａｘで申告されています（※１１０ページのグラフ参照）。

これからの**企業や会計事務所は、より高度にＩＴ化していくことが必須になります。**会計事務所にとっても、本来であれば記帳代行は自計化してもらい、自らは内容のチェックのみを行ったほうが、経営者に有益なアドバイスを行う時間が確保できるので、両者にとってよいことなのです。

現実には、中小企業が会計事務所に依頼している事項の多くは作業です。特に**記帳代行業務は今後ＡＩの進展にともない、ＡＩが処理するようになってきます。**

例えば、領収書や伝票をスキャンすると、そこに書かれている内容からＡＩが

「○○○○費」と判断して仕訳してくれるわけです。

しかし、記帳代行の自計化で顧問料の削減を要求されるのをおそれて、あえて顧問先での自計化を勧めない会計事務所もあります。また、仕訳の入力も申告書の提出もネットで行うこの時代に、いまだに手書きの決算書、内訳書もあります。

明らかに外部環境に適合していません。そのような会計事務所と付き合うのは自由ですが、会社の利益に何ら貢献しないばかりか、将来の成長の足かせになる可能性が高いでしょう。

Check!

□企業も個人も今後はe-Taxが主流になる
□仕訳作業はAIで自計化できる
□IT化を提案してこない会計事務所には未来がない（会社も同様である）

第2章

あなたの会社の顧問会計事務所は何をしてくれますか?

第1章では、会計事務所や税理士に対して少し辛辣なことを書きましたが、税理士の職能や経営者の税理士に対する信頼等を考慮すれば、税理士が会社経営に貢献できることはたくさんあると確信しています。

一般的に、税理士に対する経営者の信頼は厚く、ある種リスペクトの念も抱いています。だから、いわば経理代行業者であり税務代行業者ではあるけれども、ほかの外注先とは違って、「先生」と呼んだりします。

さて、現在の会計事務所・税理士は、先生という呼び名にふさわしい仕事をしているでしょうか?

そこで第2章では、従来会計事務所・税理士がやっている仕事と本来やるべき仕事などを実態に照らし合わせながら見ていくことにします。

14 税理士は会社のホームドクター

その機能を持っているか検証してみよう

税理士と医師は共通点が多い。

どちらも国から独占業務を付与されていて、業務は専門化されています。街の小さな医院・クリニック、税理士が１人だけの小さな会計事務所もあれば、医師が何十人もいる総合病院や大規模な税理士法人まで、大小を含め組織形態もよく似ています。

また、医師の診断や税理士の判断によっては、医師の場合は患者、税理士の場合は納税者の生き死ににかかわります。

税理士事務所のホームページを見ていると、よく「税理士は会社のホームドクターとして御社の発展に寄与します」と謳い文句が記載されていたりします。まさに会社にとっては医師のような存在かもしれません。

では、実際はどうなのでしょうか？　税理士の役割とはどのようなものでしょうか？

これについては、税理士法1条に規定があります。

> 税理士法　第一条（税理士の使命）
> 税理士は、税務に関する専門家として、独立した公正な立場において、申告納税制度の理念にそって、納税義務者の信頼にこたえ、租税に関する法令に規定された納税義務の適正な実現を図ることを使命とする。

実務的には、税法に定められた規則にしたがい、経営者に代わって申告書を作成することを業としています。また、決算書を作成するために必要な記帳代行を日常業務として行っている事務所も多く存在します。これらの活動を通じて、税理士法にあるように**「納税義務の適正な実現を図ること」**を使命としています。

もちろん、実際に税理士が行っている業務はこれに留まりません。税理士はこれらの業務を通じて、会社の経営成績と財政状態を日々把握していますので、経営者の相談相手になったりします。

税理士が経営者からの相談を受け、その会社に適切な解を提供したり、もしくは自身で提供できない場合は、他の専門家に相談することで、会社の経営がよくなるようにサポートすることもあり、そういう役割を果たしていけば、まさに税理士は会社のホームドクターです。

ただ、医師とは異なり、経営相談を受けることは税理士本来の業務ではありません。税理士法にもそのような規定はありません。だから、この相談機能、ホームドクター機能を十分に果たしていない税理士も残念ながら存在します。

本書では、企業の顧問会計事務所・税理士がどのような業務を担っているのか、企業が会計事務所・顧問税理士に何を期待しているのか、現状、会計事務所や税理士に問題があれば、今後どのように対応すればよいのか、こうした疑問に答えようと思います。もしかすると、会計事務所や税理士に期待することや抱くイメージは、担っている業務の実態とかけ離れているかもしれません。まずはそのことをよく認識しておく必要があります。何事も現状分析が重要です。

Check！

□会計事務所・税理士は、税務以外にもいろんな仕事ができる可能性がある
□会計事務所・税理士には、ホームドクターの役割を担ってもらう

15 会計事務所の仕事は、伝票の仕訳と税金の計算だけなのか？

企業経営者は、会計事務所に多様な機能を持ってほしいと期待している

経営者が会社のホームドクターである税理士に期待する役割は何でしょうか？
税理士は税の専門家であり、国家資格により税に関する独占業務を行う権利を付与されています。そのため、経営者が税理士に期待するいちばんの役割は、「自社に有利な税法を適用し、納税額をできるだけ低く申告してくれる」ことでしょう。もしくは税務調査があった場合に、税務官への対応がうまいということでしょう。

いわゆるサラリーマン（給与所得者）については、会社が本人に代わって税額を計算し、源泉所得税を給与から徴収、納税してくれますので、税金に対する意識が低いかもしれません。

しかし、事業を営んでいる経営者は常に税金のことが頭の片隅にあります。経営者は事業継続のため、社内に資金を留保したいと考えるので、納税額はできるだけ小さくしたいと考えています。たくさん税金を納めたいという経営者は皆無でしょう。

税金の計算などおおざっぱな数字は社内でもおおよそわかりますが、きちんとした数字は会計事務所に依頼することになります。これは会計事務所に求める最低限の役割です。これに加えて、

●税金（法人税、消費税など）だけではなく、個人の所得税、将来発生する可能性がある相続税についてもアドバイスしてほしい
●毎月の損益状況を正確に把握するため、適時適切な試算表を作成してほしい
●金融機関と円滑に取引を行うためにアドバイスがほしい
●資金繰りを管理できる資料がほしい

等の役割を会計事務所に期待しています。

さて、問題は、会計事務所・税理士がその要望に応えているかどうかです。

私は、会計事務所に約5年、コンサルティング会社に7年、独立して6年が経過し、この合計18年の間に、ご相談も含めて約１２００社の経営者とお話をさせていただきました。その際に必ず会計事務所の対応についてお伺いするのですが、残念ながら、これ

■経営者と会計事務所とのギャップ

● 経営者が会計事務所に期待している業務
- 税務業務以外に、将来発生する相続税等のアドバイス
- 適時適切な試算表の作成と経営の振り返り
- 金融機関との取引に関するアドバイス
- 資金繰りの管理に関する資料等の作成
- 経営計画・損益計画等の作成支援
- 助成金等に関する情報提供　等

● 会計事務所が提供している主な業務
- 給与計算
- 記帳代行、仕訳処理
- 試算表の作成
- 決算書の作成

らの要望に的確に応えている会計事務所は極めて少なかったのです。

最近は、積極的に税務申告以外の業務サービスを提供している会計事務所も増えてきましたが、全体からすればまだまだ少ないのが現状です。それどころか、本来の業務である税金の計算についても、会社にとってより有利な制度を提案しなかったり、毎月の記帳代行での顧問契約を締結しているにもかかわらず、月次試算表を半年に1回しか作成しなかったりといった会計事務所まで存在します。

経営者は企業の存続を第一に考えています。企業が存続するためには、

資金を確保しておくことが重要です。資金を確保するためには、金融機関からの借入も必要でしょうし、今は発生していない潜在的な損失リスクを把握することも必要でしょう。

ところが、多くの会計事務所はこれら潜在的なニーズに対するサービスを提供できていないのです。

当初は会計事務所にこれらのサービスの提供を期待していた経営者も、税理士と何度も話をしていくうちに、的確な答えが得られないことから、次第に「税理士さんは、税金の計算だけしてくれればいい」となって、税理士のほうも顧問先が税務以外のサービスを求めてこないので、提案しなくなっていくという悪循環になっています。

つまり、多くの会計事務所は、納税に関する顕在化されたニーズに対する自社のサービスの説明と提供は行いますが、お客様の真の潜在的ニーズの確認を行い、そのサービスの提供を行っている事務所は少ないのが実態なのです。

Check！

□企業経営者の期待に応えている会計事務所は多くない
□経営者の潜在的なニーズに関心のある会計事務所は少ない

16

税理士には独占業務がある

税理士の仕事は法律で定められている

税理士の業務は大きく分けると、①税理士の独占業務、②それに付随する業務があります。①の税理士の独占業務は、「税務代理」「税務書類の作成」「税務相談」と規定されています。（税理士法第二条第1項第1号から3号）

●税務代理（法第二条第1項第1号）

税務署への申告、その申告に関する税務署の調査や処分に関して税務署に対する主張、陳述を納税者に代わって行うことです。具体的には、税務署に申告書を提出し、税務調査に立ち会い、その後の税額確定の交渉、修正申告がある場合はその修正申告書の作成を納税者の代わりに行います。

●税務書類の作成（法第二条第1項第2号）

税務署に提出する申告書を作成することです。最近は会計ソフトの性能が向上していて、日々の記帳から決算書の作成までは自社で行い、申告書の作成のみを税理士事務所に依頼する会社も増えてきています。

●税務相談（法第二条第１項３号）

税金の計算方法、納税の手続き、税務署への申告方法、及び税務調査への対応方法、処分に対する主張について、納税者からの相談に応じることです。

これらの税理士の独占業務については有償、無償を問いません。そのため、仮に無償であっても税理士資格を有しない者が知り合いの代わりに税務申告を行うと、税務代理に該当するため税理士法違反となります。ネット上での相談も同じ可能性があります。

②に付随する業務は多数ありますが、大別すると、会計帳簿の記帳代行、決算書等の財務諸表の作成、経営に関するアドバイス等です。

最近は自社で経理担当者を置かず、経理業務を丸投げしている会社も増えてきました。いわゆる記帳代行会社は、税理士独占業務は行わず、この付随業務のみを行っています。

Check！

□税務代行や税務書類の作成は税理士の独占業務である
□経理社員を置かず、記帳代行会社に丸投げしている会社もある

17 決算書の内容と社長の感覚はフィットしてますか？

経営者は必ず決算内容を確認すべし

私のクライアントで、試算表などは全く見ないけれども、現場感覚が非常に優れた経営者がいます。その経営者は、毎日、自社の工場に足を運び、機械の稼働状況、材料の在庫、完成品の保管状況を確認していました。時が過ぎ決算期になって、税理士が決算内容を説明に来たときに、事件は起こります。

社長が思っていたよりも、帳簿上の期末棚卸在庫の数量が多いのです。棚卸の在庫が多いということは、その分、売上原価が減少し、利益が出て、その結果納税額が多くなるので、経営者も必死で細部を追究します。

詳細に調べると、期末の在庫数値について、税理士が会社の経理担当者に口頭で「期末在庫は昨年と同じぐらいですか？」と確認しただけで、経理担当者も「そうだと思います」と返答したので、昨年とほぼ同じ金額を計上していたのでした。

また、社長は会社の資金繰りが厳しいときに一時的に会社にお金を貸すことはあっても、会社からお金を借りることはないにもかかわらず、決算書に社長貸付金が計上されていました。「これはどういうことか？」と税理士に説明を求めました。

すると、税理士もふだんの入力業務は担当者に任せているため、その内容を把握していませんでした。実際は、会社のカード支払のうち、個人的支出と思われるものを担当者の判断で社長貸付金として勝手に処理していたのでした。決算時に気づいたからよかったものの、このままだと金融機関から指摘を受けていたことは間違いありません。

これらの結果、税務顧問契約は解約になりました。

言うまでもなく、事業を継続していくに際して運転資金が必要となりますので、通常は金融機関からの資金調達が必要不可欠になります。それにもかかわらず、貸借対照表は課税所得計算に影響しないからといって、適当に処理することは許されません。


Check!
□税理士も決算書の内容を把握していないことがある
□社長は決算内容を必ず確認する必要がある

18 会計事務所に教えてもらう節税方法よりも、もっと大切なことがある

節税が税理士の仕事なら、税理士は不要

税理士は、税の専門家ですので、節税方法を知っているかと思います。しかし、「支出時に経費（≒損金）として処理したものが戻ってくる場合は利益（≒益金）として処理する」という租税の大原則があるので、**そもそも節税方法というものは存在せず、世の中で言われている節税方法は、単に利益を繰り延べている**ことになります。

多くの経営者は納税額を適正に少なくしたいと考えているので、税の専門家である税理士に節税方法を聞きます。

確かに、税理士は過去の経験、金融商品の知識などによって利益の繰延方法に熟知していることもあります。また、納税額を最大限に減少させ、行き過ぎた節税が税務調査で指摘された場合には、これにうまく対応し、追徴課税が発生しないようにするのが、

税理士の仕事と思っている経営者も多いようです。

日本には現在約420万社の中小企業があります。このうち赤字企業の割合は62・6％（2017年度　国税局調査）だそうです。ということは、多くの中小企業が所得に関しては、均等割り以外の納税の必要がないのです。とすれば、**節税することが税理士の仕事と考えると、そもそも税理士は必要ない**とも思えます。

しかし、実際には中小企業の多くが自主申告ではなく、税理士に確定申告を依頼しているので、会社の数値を経営者の次に把握しているのは、ほかならぬ税理士です。

これを有効利用しない手はありません。**経営者はもっと税理士に経営相談をすべきです。会社のホームドクターとしての機能を発揮してもらうべき**です。

個人差はありますが、税理士は他社の経営を数字で見ることができますので、税理士本人の経験を聞くというよりも、「先生、他社ではどのようにされていますか？」と聞くと喜んで教えてくれます。やはり「餅は餅屋」です。

Check!

- □本来、節税方法というものは存在しない
- □会社のホームドクター機能がある会計事務所をもっと有効活用すべき

19 節税はどこまでやるべきか

節税の実態は利益の繰延にすぎない

「せっかく稼いだ利益だから税金を払いたくない！」

これは、多くの経営者に共通する考えです。そのために会計事務所に節税を相談します。そこで事業計画を策定し、中長期にわたって節税対策（といっても実際は利益の繰延がほとんどですが）を行うのであればまだしも、ほとんどが決算直前に対処しようとします。ひどい場合には、決算日が過ぎ決算手続きが完了してから多額の納税が発生することが判明し、そこから遡って節税手続きを行うことがあります。

このような**その場限りの利益の繰延では、せいぜい生命保険の加入、航空機などのオペレーティングリース、役員退職金の計上等を行うのが関の山**でしょう。

第1章で述べたように、**これらを活用した節税対策によって、経費（≒損金）が発生し、一時的に納税額が減少しますが、同時に多額の資金が社外に流出**します。

２０２０年度における東京都の法人税実効税率は33・58％（もしくは34・59％）です。

※法人税、地方法人税、住民税、事業税、地方法人特別税で計算（都道府県で異なる）。

つまり、１００万円損金が発生して節税しても、納付減少額は約34万円に過ぎません。

一方、会社から流出する資金は１１０万円（消費税10％）ですので、利益の繰延は資金効率がよいとは思われません。税金を払いたくないから利益の繰延処理をしたにもかかわらず、節税した結果、納税よりも多くの資金が社外流出したとあっては本末転倒です。

このように、**経費を最大に計上しても納税額は34％減少するだけ**です。また、資金流出をともなわない経費計上は存在しないので、**過度な利益の繰延は会社の資金繰りを悪化させ、財務基盤を弱くします。支払うべき税金をキチンと納税することで会社は財務的に強くなり、金融機関からの評価も上がる**のです。

本来、このようなアドバイスは税理士が行うべきなのですが、税理士は何も言わずに経営者が望む節税（実態は利益の繰延）をすることが多いのです。

Check!

□その場限りの節税対策は、打つ手が限られる
□資金流出をともなわない経費計上は存在しない

20 会社の顧問会計事務所は、経営計画の作成支援をしてくれますか？

数字を知る会計事務所に最適な業務

会計事務所は多くの顧問先の決算書を作成し、場合によっては経営相談にも乗っています。最近は、会計事務所が金融機関から経営（改善）計画の策定を依頼されることも多くなってきたといいます。これは、債務超過や2期連続経常赤字の会社であっても、ある一定の要件を満たした事業計画（実抜計画、合実計画）を作成することによって、追加的な融資を受けたり、返済条件の変更を行ったりするためです。

この経営改善計画については、経営者が主となって策定するのですが、数値計画については、会計事務所に依頼することもあります。この際に多いのが、エクセルを用いて前年比1％アップ（もしくはダウン）で計画数値を算定することです。このような根拠のない数字の計画を金融機関に提出すれば、どうなるでしょうか？

会計事務所は数値に関しては、実抜計画、合実計画の目標数字をクリアするように策定するので（それすらしていないことも多いですが）、金融機関はその計画をいったん受け取りますが、1年後のモニタリングで計画未達となることが多く、その結果、貸付金の回収を進めたり、新規融資を行わなくなる要因になります。

これは当然のことです。**数字の根拠としてアクションプランがない**のですから。

あなたの会社の会計事務所に経営計画の立案を依頼した場合はどうでしょうか。会社が営んでいる事業に関しての知識や保有している経営資源を正確に把握し、これに基づいて経営改善の計画を立案し、数値として経営計画に表す。これができていれば、経営顧問の会計事務所として一生お付き合いされることをお勧めします。

経営（改善）計画とは、企業にとっては存続・発展していくための道筋を示したものです。これがなければ企業経営はつねに荒波にさらされます。

Check!

- □前年対比一律の比率で数値を計上している計画書はNG
- □経営計画の数字には根拠がなくてはならない
- □経営計画は1年後に必ずモニタリングされる

21 金融機関の紹介や他社とのマッチングをしてくれますか？

会計事務所からの紹介は歓迎される

税理士は、その仕事上、金融機関と接する機会が多い。特に日本政策金融公庫については、税理士からの紹介でお付き合いを始める経営者も多いと思います。

金融機関側からしても、税理士からの紹介案件については、その決算書が企業実態を適正に示している可能性が高いので、安心して融資することができます。また、融資に必要な試算表、資金繰り表などの資料がすぐに入手できるなどのメリットがあるので、税理士からの顧客紹介を喜びます。

逆に、金融機関の紹介ができない税理士は、行動範囲が極端に狭いか、過去に金融機関とトラブルがあった可能性もあるので、注意が必要です。

一度、税理士に「金融機関を紹介してほしい」と依頼してみてはいかがでしょうか？

私（篠﨑）は銀行員時代によく会計事務所に行きました。情報を横流ししようとしているわけではなく、会計事務所の所長、あるいは主に企業会計を担当している担当者を尋ね、例えば、「先生が担当している企業の銀行融資はどうなってますか？」と確認しに行くわけです。

自行の本拠地でない支店に勤務していると、最初はあまり相手にされません。そこで、いかにしてメインバンクの牙城を切り崩すか、あるいは第二地銀のシェアを奪うか、ということを考えるわけです。

そのときに、会計事務所には銀行のことは一切言いません。銀行は何を考えているか、どうしようとしているか、といった一般的な知識として、基本的な融資の考え方などを話すわけです。こうして銀行からの一般的な情報を会計事務所にちょこちょこと流していくのです。私がいた銀行の情報を流すわけではありません。あくまで一般情報として流すわけです。そして、一銀行員として、こういう考えをしていて、「それに合致するような会社があれば紹介していただけませんか？」と依頼します。

銀行と会計事務所はどんな関係かというと、どんな関係でもありません。例えば、お客様（会社）の決算資料の内容がわからないときなどは、もちろん（お客様の了解のうえで）会計事務所に問い合わせたりします。

「ここで計上されている費用はどういうものか」「勘定科目の内容をもっと詳細に知りたい」とか、「この決算書は数字がヘンだな」と思ったときは会計事務所に行って確認します。

よく、「会計事務所と銀行はツーカーでしょ」と言われますが、そんなことはありません。会計事務所がお客様から得た情報は一切表に出しません。あくまでお客様の了解のもとに、不明な点を照会しているだけなのです。

会社は会計事務所と密接に連絡を取り合う関係でいてほしいと思います。なぜかというと、試算表と資金繰り表の作成は、これからの会社経営にとってマストなアイテムだからです（詳しくは第4章、第5章で解説します）。

会計事務所は事業所情報の宝庫

会計事務所は平均、担当職員1人当たり20社～30社程度の顧問先を担当しています。仮に、会計事務所に職員が10名在籍していると、おおむね200社～300社の顧問先があることになります。

それだけの会社数があると、多くの業種をカバーしていますし、自社の製品、サービスを必要としている会社も存在します。他社にとっても面識のない会社との取引よりも会計事務所の税理士と人的信頼関係のある取引先を紹介してもらうほうがよいはずです。ただ、自社のほうからはなかなか言いづらいので、そのような機会を積極的に提供してくれる税理士は重宝すべきです。

私の知り合いの会計事務所は、毎年末に顧問先を招待して忘年会を開催しています。その場では、各社が自由に交流して、今後のビジネスに繋げてもらうことを期待しています。

会計事務所には、御社のお困り事を解決してくれる顧問先を有していることが少なくありません。遠慮せずにそうした企業とのマッチングを依頼してみましょう。

Check！

□日本政策金融公庫の融資は税理士からの紹介が多い
□銀行は税理士からの情報を歓迎している
□会計事務所には有益な企業情報がある

22

会社の顧問会計事務所に質問していますか？

試算表・決算書の内容は把握しておく

私（西川）は会計事務所に勤務していた時代に顧問先を訪問し、前月の試算表を説明していました。多くの場合、経営者は私の話を聞いてはくれるのですが、質問をしてくることはほとんどありませんでした。

また、（今の）私のところに相談に来た経営者に決算書の数値を確認すると、「数字は税理士に任せているから」の一言で、内容を把握していない人が多いことに驚きます。

私はもともと会計事務所出身ということもありますが、自社の決算書には徹底的にこだわっています。それこそ、ピカピカの決算書です。ピカピカの決算書とは、仮払金、立替金、雑費など内容の不明瞭な勘定科目は一切計上しませんし、換金価値のない売掛債権も一切計上しません。まさに弊社の財政状態と経営成績を正確に反映した決算書に仕上げています。

なぜなら、**その期の決算書はこの世に1通しかなく、また、後になって修正することもできない**からです。いわば**その時点での成績表であり、経営者としての作品**なのです。言うまでもなく、決算書は納税額の確定の基礎になります。また、金融機関はこれをもとに貸付判断をします。

建設業を営む会社では、経営事項審査の基礎となり、来期以降の入札参加ランクが確定する非常に重要なものです。この決算書のもとになるのが毎月の試算表です。

年に一度の決算書ではなく、会計事務所から毎月の試算表を渡された段階で、内容が不明な点はすぐに質問しましょう。自分が作成した試算表に対する質問は、会計事務所にとっても、「経営者が試算表の内容を理解しようとしてくれている」ということで好ましく思うものです。また、経営者が試算表の内容をよく見ていることは、会計事務所もそれを意識して仕事するものです。

Check!

□決算書の内容で不明な点はとことん会計事務所に質問する
□質問することで経営実態を理解し、知識が高まる
□経営者が真摯に前向きであることを理解し、会計事務所は手抜きしない

23 月一の税理士の訪問は必要ですか？

会計事務所も効率化を図っている

私（西川）は今まで1000社を超える経営者と面談し、その数だけ決算書を見てきました。税法によって一定の決まりはあるものの、会計事務所によって決算書の作成方法はさまざまです。同様に、顧問先への関与内容もさまざまです。

会社経営者は、会計事務所との顧問契約をいったん締結すると、よほどのことがない限り変更しません。それに安住しているのか、顧問契約締結時は定期的に訪問していた税理士も徐々に訪問回数が減少し、気がつけば年に1回しか訪問しない税理士もいるようです。

当初からそういう契約になっていれば何の問題もありません。事実、私の友人の税理士は、「中小企業に毎月訪問しても、税法上の質問は発生しない。記帳代行だけの話であれば、ネット環境を最大限に利用して、記帳はクラウド会計で行い、質問はＺＯＯＭ

で対応することで、顧問料を安く設定している。そうすることが顧問先のニーズに合っているし、こちらも多数の顧問先に対応できるので、そちらのほうがよい」と割り切って、事務所運営をしています。

よく考えると確かにそのとおりです。金融機関と比べるとわかります。昔の金融機関は、毎月の定期積金を会社まで回収に訪問したり、現金で給与を支給する会社には、給料日近くに現金を配達したりしていました。つまり、特に用事はなくても、毎月何がしかの用事で訪問することで関係性を強化していたのです。

しかし、最近はどうでしょうか？　超低金利の時代が続き、金融機関を取り巻く環境は厳しく、業務の効率化を進めざるを得ません。その結果、よほどの大手取引先でない限り、そのようなサービスは行っていません。会計事務所もクラウドサービスの台頭によって、従来の記帳代行業務は縮小してくると予想されるので、今後は、銀行同様の効率化を図る必要があるでしょう。

会計事務所に依頼する事項を明確に

現在の会計事務所の運営は労働集約型です。所長税理士を含め担当者が何件の顧問先の月々の記帳代行を行い、決算業務を行えるかで会計事務所の損益状況が変わります。

つまり、個々人の担当者は、それぞれの顧問先に深く関与して、いろいろアドバイスをしたいと思っていても、実際には、顧問先への訪問時間に多くの時間をとられ、しかも、申告期限が厳密に規定されているので、余裕がないのが実状です。

そこで、記帳代行業務に時間をとられることなく、経営者が本当に必要としているサービスや情報提供に時間をとってくれる会計事務所が今後求められてきます。

さて、御社の会計事務所はどうでしょうか？

Check!

□月一の訪問は何のためにあるか確認しよう
□月一の訪問がなくても業務には支障がない
□会計事務所に何を求め、どういう業務を依頼するかを明確にする

第3章

会計事務所の実態 知ってますか？

これまでは企業経営の立場から会計事務所や顧問税理士の業務の在り方について述べてきましたが、第3章では、これらの実態を内側から見ていくことにしましょう。そうすることで、自社に適した会計事務所・顧問税理士への依頼内容を検討する際の参考になるでしょう。

一般的に税理士と聞くと、読者の皆さんはどんなイメージを抱くでしょうか？

「難しい試験に合格した人」「数字に強そう」「キチンとしている」等々いろいろあると思いますが、日本にどれくらいの税理士がいて、どういう経歴で税理士になっているか、これらを知る人はあまりいません。

また、会計事務所・税理士事務所の内実はどのようになっているのか、主たる収入源は何なのか、それらの実態も知っておくとよいでしょう。

24 全国にいる税理士の人数は？

総数７万９３００人、税理士法人６３００

まず、日本に何人ほど税理士が存在して、どうすれば税理士になれるかを見ていきます。次の表は、令和2年5月現在の全国の税理士数をまとめたものです。

令和3年2月末の時点で、**税理士は日本全国に約７万９３００人**います。個人事務所の正確な数はわかりませんが、税理士が2名以上で設立される**税理士法人は、全国に約６３００余り**（本店、支店含む）あります。大手税理士法人ですと、所属税理士が数百人に及ぶところもあります。また、個人事務所ですと税理士1名とスタッフ数名で運営しているところもあり、大小さまざまな事務所があります。

税理士資格を取得して、税理士として活躍する方法には大きく分けて3つあります。

いちばん多いのは、税理士試験に合格して税理士登録した税理士です。これが全体の約45%を占めます。

税理士登録者数（令和3年2月末現在）

会名	登録者数	税理士法人届出数	
		主たる事務所	従たる事務所
東京	23,566	1,312	470
東京地方	4,968	222	161
千葉県	2,531	111	89
関東信越	7,459	434	264
近畿	15,060	748	343
北海道	1,862	163	99
東北	2,482	146	103
名古屋	4,688	300	155
東海	147	232	135
北陸	1,420	103	52
中国	3,187	164	108
四国	1,632	87	51
九州北部	3,389	184	149
南九州	2,226	117	72
沖縄	443	28	30
計	79,307	4,360	2,293

（日本税理士会連合会 HP より）

税理士種別

資　格　別	人　数	%
国家試験合格者	35,018	44.5
試験免除者	29,730	37.8
公認会計士	10,149	12.9
税務署等出身特別試験合格者	3,115	4.0
弁護士	685	0.9
税務代理士	7	0.0
資格認定者	1	0.0
合　計	78,705	100.00

『税理士界』2020年5月発行（日本税理士会連合会）

次に多いのが、いわゆる試験免除組で全体の約38％を占めます。この試験免除組には、①大学院で税法科目、会計科目について、博士課程または修士課程を修了した者、②税務署等に10年もしくは23年以上勤務し一定の要件を満たした者の2つが含まれます。

三番目が公認会計士の兼業で全体の13％を占めます。

この3つで税理士の全体の96％を占めます。

どの種別の税理士がよいとかではなく、それぞれに特徴があります。

例えば、税務署出身のいわゆるOB税理士は、過去の経験を駆使して税務署に広い人脈を有し、また税務調査に強いと言われています。しかしその反面、民間企業での活動が少ないので、経営的なアドバイスには弱い傾向があるようです。

また、大学院を卒業して税理士資格を得た税理士は、親が税理士事務所を運営しており、創業当初から豊富なコネクションがあることが多いようです。また、独立開業するまでの間、一般民間企業に就職している場合も多く、その経験をふまえて、経営者としての感覚を持ち合わせているといいます。しかしながら、税法の知識は試験合格税理士に比べると弱いかもしれません。

さらに、試験合格税理士（公認会計士含む）は、税法の知識は豊富で、一般的に独立までに複数の会計事務所で実務経験を積むので、会計処理、申告業務などの実務面は強いと言えるでしょう。

一度、顧問税理士にどの制度で税理士になられたのかを聞いてみるとよいでしょう。

なお、近年の傾向として税理士の平均年齢が少しずつ上昇してきています。60代が全体の3割を占めていますが、これは税務官を定年退職または定年間近になって税理士になる人がけっこういるからです。もっとも、世の中全体でも人口構成は60代以上は約3割ですから、全体的な傾向とも言えます。

年齢別税理士数

年代	人数	割合
20代	187人	0.6%
30代	3,358人	10.3%
40代	5,599人	17.1%
50代	5,817人	17.8%
60代	9,868人	30.1%
70代	4,343人	13.3%
80代	3,421人	10.4%

Check!

□税理士試験に合格した税理士は全体の44・5%

□税務署OB税理士は税務調査には強いが、経営のアドバイスは弱い

□大学院卒の税理士は経営感覚はあるが、税法の知識は比較的弱い

25 会計事務所にはどんなスタッフが何人いる？

最低2名以上の税理士で税理士法人に

御社の顧問会計事務所には何人の税理士が在籍しているでしょうか？　前述のように日本には6300余りの税理士法人が存在し（本店、支店含む）、税理士法人の成立には最低2名以上の税理士が必要です。とは言うものの、多くの事務所が所長税理士1名に、職員2～5名程度の規模というのが実状で、個人のカンバンを掲げて開業しているる会計事務所が全体の9割を占めています。つまり、ほとんどが個人事業主ということです。

しかし、個人事業主とはいっても、その事業規模はさまざまです。私の知り合いの税理士事務所は、顧問先が約400社あり、従業員は20名いますが、税理士は所長先生1人だけです。また、別の税理士事務所も顧問先が約200件で従業員が11名いますが、税理士はこちらも所長先生1人です。

所長先生1人の事務所は他に比べて劣っているかというとそうではなく、大規模な事務所と比較してもよい点がたくさんあります。例えば、月次処理を含めたすべての対応を税理士資格を有する所長が行うことになります。

一方、大規模な事務所だと、所長税理士が実務を担当することはなく、担当者は税理士資格を有していない場合も多く、また、担当者が3～5年の頻度で変わることが少なくありません。

会社が創業間もなく、また将来的にも規模拡大を目指さないのであれば、個人事務所のほうがよいかもしれません。逆に、規模の拡大を考えているのであれば、当初から大規模税理士法人を選んだほうがよいでしょう。

もちろん、税理士資格を有してはいないけれども、長年補助者として申告業務に携わり実務能力の高い会計事務所職員はたくさんいます。ただし、最終的に何か問題が発生した時に対応できるのは税理士のみなので、この点は注意が必要です。

Check!

□税理士法人、全体の9割は税理士1人

□スタッフ1人で20社程度を受け持っている

26 会計事務所の職員は税理士を目指している⁉

なかなか税理士になれない職員もいる

会計事務所で働いている人は大きく分けると、外勤と内勤に分かれます。外勤者は、顧問先を訪問して会計資料の回収、不明点の確認、税額、試算表の説明、決算の打ち合わせ等を行います。一方、内勤者は、外勤者が顧問先から預かってきた資料を整理、会計ソフトに入力して外勤者の業務をサポートします。

私（西川）が勤務していたときは、外勤者の多くが将来税理士になろうと考え、週末、もしくは業務終了後に専門学校に通っていました。仕事が終わってから専門学校の授業を受けるのは結構きついものです。昼間の疲れが出て眠気が最高潮に達します。

専門学校では週に2～3日、夜の10時頃まで勉強します。しかも、税理士試験は5科目の合格が必要なので、3年～10年程度、このような生活が続くのです。この点からも**会計事務所の職員は、真面目で頑張り屋さんが多い**と想像できます。

しかし、**ほとんどの人が税理士試験を突破できない**で、そのまま職員として働いていました。なぜか？　もちろん個人の能力の問題もありますが、それ以上に事務所での仕事のやり方が関係しています。会計事務所でも勤務年数を重ねると、現場作業から管理に重点が移ってきます。また、担当者は顧問先の経理処理や業務内容、家族関係も把握しており、長期間顧問先に関与します。そのため、顧問先は担当者の変更を嫌います。

その結果、従来からの関与先を他人に任せることができず、現状の業務を維持したまま部下の管理をすることになります。すると必然的に税理士試験にかける時間が少なくなってきます。また、ある程度実務経験を積んで、学問的にも知識が蓄積されてくると、事務所の中でも複雑な案件の担当が回ってきて、さらに自分の時間を圧迫します。

そうこうしているうちに年齢も45歳を過ぎてくると、「今から独立しても、それほど稼げないなあ」と業界内の事情も把握してきて、徐々に税理士試験に対する情熱が覚めてきて、モチベーションを維持できなくなるのです。

Check!

□昼間仕事が忙しく、夜勉強を続けるのは大変である

□モチベーションを維持できず税理士をあきらめる職員も多い

27 会計事務所の担当者はどんな人ですか？

担当者がコロコロ変わるのは要注意

会計事務所と顧問契約を締結すると、多くの場合、所長税理士以外の担当者が付けられます。この担当者は、税理士資格を有している場合もあるし、そうでない場合もあります。

20代～30代の若手事務所職員の多くは、税理士資格の取得を目指していて、前述のように平日の夜間、もしくは土日に専門学校に通って頑張っています。

だから、いかに時間内に仕事を終えるかを重視しているので、与えられた業務以外に時間をとられるのを嫌う傾向にあります。また、所長税理士にもよりますが、一般的に会計事務所の職員は、給与が低く、申告前には長時間残業もあるので、税理士資格を取得するという明確な目標がない人は続かないようです。

事務所職員個々人は、レストランで修行する料理人のようなイメージで、将来の独立に備えてたくさんの経験を積み、各事務所での経験値がある一定になった時点で、他の事務所に転職することもよくあります。そのような職員が多い事務所であれば担当者が3年に一度ぐらいで代わるので、顧問先の企業側としては、新しい担当者との引き継ぎやコミュニケーションなど手間がかかります。

一方、税理士資格取得をあきらめた40代以降の職員は、事務所内で番頭のような立ち位置になり、所長先生に代わって実務を取り仕切ったりします。この担当者は資格こそ保有していませんが、所長税理士の代理で税務署の対応もしますし、長い期間勤務しているので、顧問先としても安心して任せることができます。

会計事務所に勤めている職員は、基本的には真面目な人が多いようです。

Check!

- □担当者が変わると、それだけでコミュニケーションのリスクが高まる
- □税理士資格取得を目指している職員は大変忙しい
- □税理士資格取得を諦めたベテランは、じつは使える

28 税理士資格は1種類でも、税法は複数ある

税理士にも得意分野・専門分野がある

皆さんが足を骨折したとき、おそらく整形外科を受診するでしょう。コンタクトレンズを購入する際には眼科、出産するときは産婦人科に行きます。しかし、医療行為を行うことができる医師免許はすべて1種類です。法律も「医師法」が根幹にあり、科目によって法律が細かく規定されているわけではありません。

税理士資格も1種類ですが、その業務に密接している税法は多数存在します。税理士試験の試験科目は、法人税法、所得税法、消費税法、相続税法、国税徴収法、酒税法などです。例えば、相続税の科目に合格していなくても過去の経験から相続税の申告をすることはできるでしょう。しかし、実際に相続税の科目を合格したうえで実務経験のある税理士と、単に実務経験のある税理士では、やはり違いが出てきます。

「毎年の決算をしてもらっているから、自社株の贈与の相談を」というのもわかりま

すが、贈与税には贈与税のプロがいますので、自社の目的に応じた税理士を選択したいものです。税理士業界の大きな問題の1つは、自らが不得意、もしくは経験したことのない案件でもこれを請け負ってしまう傾向にあることです。

医師であれば、「この骨折は自院では対応できない。すぐに救命救急センターに連絡を！」ということで人命を救います。しかし、税理士は、毎年法人税と消費税の申告を行っている顧問先会社で相続が発生した場合、仮に相続税申告の経験がなかったとしても経営者個人の相続税の計算も請け負ってしまうことが多いのです。

もともと相続は人の死亡が原因として発生し、相当の遺産がないと申告義務が発生しません。これを専門に行っている税理士以外は、実際には生涯で数件しか経験していないことが多いのです。ところが、法人の顧問税理士は、税務に関することはすべて自分のものだと考えているので、簡単に対応してしまい、その結果、不要な税金を納付することになったりします。これではクライアントはたまったものではありません。

Check!

□税理士にも専門分野がある
□相続を経験していない税理士は多い

29 顧問契約を締結する際に気をつけること

経営者と会計事務所の間にはギャップがある

会計事務所と顧問契約をした際、税理士とどのような話をしたでしょうか？

通常、どなたかの紹介、もしくはネットで検索した候補の税理士に連絡を入れ、会計事務所を訪問すると、会社の業種、所在地や資本金、前年の年商、従業員数、社長の経歴等をヒアリングされ、「記帳代行費用として月額〇〇万円、決算申告が〇〇万円、年末調整が〇〇万円です。試算表は、翌月末までに前月分を提出します。御社をご担当させて頂くのは、弊社の〇〇です」といった提案がなされます。

初めは、会計事務所に何を要請してよいかわからず、また、どのように業務を進めるかもわからないので、多くの場合、会計事務所の提案どおり契約を締結します。

その後、時が過ぎて「ウチの会計事務所は、税金の計算しかしてくれない」などと不満の声が上がるのです。これは、契約当初にそれぞれの期待が十分に一致していないことから生ずる期待ギャップが存在しているので仕方ありません。

このような期待ギャップを発生させないためには、まずは、自社が会計事務所に何を求めるのかをはっきりとさせることが大切です。

(1) 記帳は自社で行い、決算のみ会計事務所に委託する

記帳代行のＡＩ化が進んでいる今日においては、簿記の専門的な知識がなくてもある程度日々の記帳代行はできるので、**記帳代行については自社で行い、決算のみ関与してもらうというのも1つの考え方**です。

(2) 経理のすべてを会計事務所に委託する

他方、自社で日々の経理業務を行うには不安があり、また社内に人員がいない場合には、思い切って**すべてを会計事務所に委託するのも1つの方法**です。あまり能力の高くない経理担当者を雇用し、かつ、会計事務所に月次関与して3万円～5万円の顧問料を支払うのであれば、思い切ってすべての経理業務を外注したほうが会社全体でのコストは安くなる場合が多いのです。

⑶財務に関するアドバイザー、コンサルタントになってもらう

さらに進んで、**日常の経理業務に加えて、金融機関対応、資金繰り対応などのアドバイスまで依頼するのもよい**でしょう。このあたりになると顧問税理士に経理部長のような役割を担ってもらい、経営会議等にも参加してもらうとよいでしょう。

どの考え方も一長一短ありますが、当然、それぞれ依頼する仕事のレベルで報酬が決まるので、この点を会計事務所と共有しておかないと後でトラブルの原因になります。

会計事務所との付き合いは、一度顧問契約を締結すると長期間契約を継続する傾向にあります。また、大きな事務所と契約しても担当者はさまざまなので、この点も確認する必要があります。担当者は時間にルーズでない、質問した内容にスピード感をもって対応してくれる、税額や会計処理についてキチンと説明してくれる、担当者だけでなく税理士とも都度連絡がとれる、人柄にストレスがない等も考慮すべき点になるでしょう。

Check!

- □会計事務所からの提案どおりに契約を締結しているケースが多い
- □経営者が考えている内容と会計事務所のそれは一致しない
- □依頼する仕事の内容を吟味して契約すべし

30

報酬（顧問料）の相場を知っておこう

報酬は下降気味（月額平均3万円）

会計事務所は、**毎月の記帳代行報酬（月次顧問料）、決算報酬、年末調整報酬、相続報酬の4つが大きな収入源**です。

「月次顧問料」とはどういうものでしょうか。そもそも中小零細企業において、毎月税務に関して顧問報酬を支払って税理士に確認すべき事項がそれほど発生しているでしょうか？　税務調査での指摘事項も80％が経理処理の問題で、20％が税務に関する問題と言われています。つまり、月額顧問料という名のもとに、記帳代行フィーを取っている会計事務所が多いのです。しかし、その記帳代行フィーも近年は低下傾向にあると言われています。顧問先の高齢化による廃業、顧問先の業績悪化、ＡＩによる記帳代行業務の進行、顧問料の削減依頼等によって会計事務所を取りまく環境は厳しさを増しています。

この月次顧問料について、私が会計事務所に在籍していた約20年前には1か月4万円前後であったものが、今では2万円前後まで落ち込んでいます。平均3万円前後といったところです。今後も、記帳代行フィーで月額顧問料をもらっている会計事務所は、その他の決算報酬、年末調整手当についても同様に、経理ソフトやAIの進展によりさらに下落することが予想されます。

決算報酬は、毎月の顧問料の3か月~5か月分という感じです。金額にすれば10万円~20万円程度でしょうか。年末調整は、1人につき3000円~5000円程度。相続税の申告は、それこそピンキリです。

このように顧問料の単価が月額4万円から2万円に下がっているということは、昔と同じ仕事であっても倍の仕事をこなさなければならないことになります。しかも、同じ事務員が継続して雇用されていれば、年々人件費は増加していくわけですから、多くの職員を抱え、旧態依然とした経営をしている会計事務所は経営が厳しい状況にあります。

顧問契約を締結するに際して重要なことは、**①何をどこまで依頼するか**、**②顧問料はいくらか**、という2点です。①はある程度明確にできるとしても、②については、それぞれの事務所に相場観があり、どの程度が適正かはわかりにくい。

昔は税理士法によって報酬がある程度規定されていたので、どこの税理士に依頼しても金額はほぼ同じだったのですが、平成13年の税理士法改正によって、税理士報酬規程自体がなくなり、各税理士が報酬を自由に決めることになりました。したがって現在は、事務所によって独自の報酬体系があります。

報酬の高い低いは顧問契約を締結する際に大切な要素ですが、それのみをもって契約を決定することは危険です。仮に顧問料が高くても、毎月の試算表は翌月15日までに提出してもらい、また取締役会にも参加して財務に関する意見を述べてもらい、金融機関の対応もして、会社の資金繰りに関する相談もしてもらうのであれば、月額20万円を支払っても安いと思います。

なぜなら、これだけのスキルをもって仕事ができる人材を自社で雇用するのは難しいでしょうし、雇用できた場合でも月額20万円以上の費用が発生するのは間違いありません。報酬額の大小ではなく、会計事務所から受けるサービスの内容との兼ね合いを十分検討すべきです。

Check!

- □安い顧問料は、安いなりの業務内容である
- □月次報酬は、20年前の半分に下がっている
- □高度な業務をやってもらうには、それなりの報酬を支払うべきである

31 税理士の年間スケジュールを知っておこう

会計事務所の業務には季節変動がある

私（西川）のクライアントが個人商店から法人化する際に、決算月をいつにするかを税理士に相談しました。税理士の返答は、「特にこだわりがないのであれば、3月と12月は避けてほしい」ということでした。なぜでしょうか？　じつは、税理士の業務には大きな季節変動があるのです。

日本においては3月末決算の会社が全体の約70％を占めます。3月末決算の会社が多いのは、

●国や地方公共団体の予算編成期間が4月～翌年3月であるため、公共事業にかかわりのある事業をしている会社は、決算書と各種提出書類との整合性をとりやすい

●税法の改正が4月1日からの適用が多い

●上場企業では、3月決算に集中することで株主総会の時期を合わせ、株主総会等の

いわゆる反社会的勢力対策になる

●教育機関の年度区切りが3月であり、新入社員の入社と合わせることで事務処理の効率化を図る

という理由があります。次に多いのは西暦にあわせた12月末決算で、これが全体の10％程度となります。これによって、会計事務所は3月末決算～5月末の申告書提出までが最も忙しく、その後12月下旬までは時間的に余裕があります。そして12月末頃から年末調整がスタートして、12月末決算の2月末申告書提出をこなし、3月15日の個人所得税の確定申告、そして、再び3月末決算～5月末申告書提出という流れになります。

つまり、**12月から5月末までの半年が会計事務所の繁忙期**ですので、この時期に自社の決算がある、もしくは何らかの事業計画策定依頼等を行うと、動きが遅いことが多々あります。そのため、特に会計期間にこだわりがないのであれば、会計事務所の閑散期に決算日を持ってくることも、税理士から有効なサービスを受ける一手かもしれません。

Check！

□日本の法人、70％は3月決算

□税理士のホンネ「3月と12月は決算月にしないでほしい」

32 税務申告以外の業務をどこまで依頼できるか

会計事務所はもっと多様な仕事ができる

税理士の独占業務は、言うまでもなく税務申告に関する代理ですが、経理に関する周辺業務を請け負っている税理士も散見されます。会社からすれば、ワンストップで対応してもらったほうが事務処理の効率化になりますので、このほうが望ましいのです。以下、それぞれの項目について見ていきます。

⑴給与計算業務

会計事務所が給与計算業務を請け負うケースはよくあります。給与計算は会社の経理処理でも重要な部分であり、また、個人情報にかかわることもあるので社内の従業員に任せるよりも、一括して外注することも多い。

給与計算は、締め日から支給日までの間に給与計算を終わらせ、その数値を会社に通知する、もしくは振り込みまで会計事務所が行う場合もあります。また、その性質上、間違いは許されず、計算締日から振り込みまでの日数が少ないことから、これらを正確にこなす体制が会計事務所側に備わっているかを確認することが大切です。

(2)事業承継に関するアドバイス

経営者の高齢化が進み、事業を次世代の経営者に承継させられない状態があります。政府もさまざまな支援策を打ち出していますが、当事者の意識は低く、ここ10年はあまり進んでいないのが現状です。事業承継は大きく分けて2つの問題があります。1つめは会社運営の問題、もう1つが自社株移転に関して発生する税金の問題です。

事業承継対策を行わずに経営者に万が一のことがあると、遺産分割で今まで円満であった親族が「争続」を繰り広げ、会社経営に影響を及ぼす可能性があります。そのため、ふだんから自社株について発生する税金の件だけではなく、事業承継時の会社運営についても税理士にアドバイスをもらい、準備しておく必要があるのです。

(3)資金繰りに関するアドバイス

中小企業の経営者が、会計事務所にいちばん求めていることは、資金繰りに関するアドバイスです。言うまでもなく、会社が存続し続けるためには、資金が不足しないようにする必要があります。通常の会社であれば、運転資金（売掛債権＋棚卸在庫－買掛債務）が発生するので、会社の規模が大きくなればなるほど、資金繰り管理が重要になってきます。資金繰り表の作成については第４章で詳述します。

(4) 補助金・助成金申請に関するアドバイス

補助金・助成金とは、国や地方公共団体が事業者に対して、原則返済不要なお金を支給してくれる制度です。一定の条件や申請、審査が必要になりますが、この申請の際に、例えば「売上が前年同月比で50％以上減少している」「設備導入に際して付加価値率が３％向上する」などの財務数値や事業計画の添付が必要になることがあります。

この補助金は各省庁や自治体でさまざまなものがありますから、少し工夫すれば、いろんな補助金や助成金をもらえるのです。これを利用しない手はありません。

Check！

- □会計事務所に依頼したほうがよい業務はたくさんある
- □会計事務所にはさまざまなアドバイスを求めるべし

33 これからの会計事務所のビジネスモデル

専門分野や特徴のある事務所が伸びている

こうした厳しい環境にあって、売上をどんどん伸ばしている会計事務所も存在します。どういう会計事務所でしょうか。大別すると次の3つに分けることができます。

(1)低価格路線の会計事務所

税理士事務所の仕事の80%が記帳代行なので、これに特化して低価格でサービスを提供している会計事務所です。

最近は、月間仕訳100本まで月額5000円で請け負うという事務所もあるようです。料金体系は仕訳1本いくら、原則として質問等はメールでのみ対応、税務相談は別途有料面談といったように、非常に細かく設定されています。

経営者に多少経理の知識がある会社や、創業直後の会社にとってはこの価格は魅力です。ただ、会計事務所としてはこれを継続することを望んでいるわけではなく、会社が成長してくれれば、以下に挙げる追加的なサービスを提供して売上を増やすことを考えているようです。

⑵業種の専門化

何でも対応する今までの会計事務所とは異なり、富裕層の贈与税や相続税の相談、申告を専門的に行う会計事務所、国際業務に関する税金の相談、申告を専門的に行う会計事務所が該当します。会計事務所にとってのあるべき顧客（ペルソナ）を明確にし、その顧客に対して高い付加価値を提供することによって、他の会計事務所との差別化を図り収益を獲得しています。

こうした差別化した事務所にするには、税法の高度な知識が必要になる場合が多く、優秀な人材確保が必要不可欠です。そのため、資本力がないとなかなか難しいようです。

⑶コンサルティング業務の提供

税務の申告は通常どおり行うとして、会社がよりよく発展するためのアドバイス業務を重視する会計事務所が該当します。

近年、中小企業を巡る経営課題が多様化・複雑化する中、中小企業支援を行う支援事業の担い手の多様化・活性化を図るため、平成24年8月30日に「中小企業経営力強化支援法」が施行され、中小企業に対して専門性の高い支援事業を行う「経営革新等支援機関」を認定する制度が創設されました。

この経営革新等支援機関の構成員は、税理士がおよそ65%、税理士法人が10%と合計で75%となっています。この点からみても、税理士がこの分野に進出しようとしていることがわかりますし、実際に金融機関対応などをしている会計事務所も増えています。

ただ、現状では、多くの会計事務所は旧態依然とした形態で業務を行っています。私の感覚ですが、日々の記帳代行業務が定型化されており、ある程度収益の基盤ができている会計事務所がいちばん厳しい経営状態ではないかと思います。なぜなら、ある程度の収益を獲得していると、それを維持するために、今までのやり方を踏襲するしかなく、新たな収益を獲得するために経営資源を振り分けられないのです。

Check!

□低価格路線の会計事務所が増えている
□自社の都合にマッチした路線の会計事務所を選ぶ

34 税務調査における税理士の関わり方

税務調査は怖くはなく、お土産もいらない

「税理士を変更したら、税務調査に入られやすくなるって聞きました。だから、今の税理士さんに不満はあるけれど、変更できないんです」といった話をまことしやかに聞くことがあります。本当でしょうか？

結論からすると、**顧問税理士自体の変更を理由として税務調査があるということはありません**。顧問税理士の変更自体は、申告書に顧問税理士の名前が載りますし、税務代理権限証書にも記載されますので、前年度の申告書と比較することで税務署が税理士変更の事実を知ることは可能です。

しかし、税理士の変更があったからといって税務署は何も意識しませんし、行動もしません。もちろん、顧問契約後に顧問契約を解除されたからといって税務署に元顧問先の情報を税務署に提供することも守秘義務に反しますので、そのような税理士もいませ

ん。ただ、一点だけ**注意しておきたいのは、顧問税理士の変更によって決算書の作り方が変わる場合**です。

税理士は一定のルールに従ってさえいれば、決算書の項目（勘定科目）を自由に設定し、どの勘定科目に何を集計するかもある程度の裁量があります。

例えば、前の顧問税理士は、正社員の給与もパート、アルバイトの給与もすべて「給与」で処理していました。ところが、新しい顧問税理士は、オフィスに勤務する正社員は「給与」、オフィスに勤務するパート・アルバイトは「雑給」で処理し、さらに製造現場で雇用している正社員分は「製造原価報告書の工員給与」、パート・アルバイトは「製造原価報告書の雑給」に振り分けました。

ここで税務署は、税務調査に入る前にＫＳＫシステム（Kokuzei Sougou Kanri　国税総合管理：全国の国税局と税務署をネットワークで結び、申告・納税の実績や各種情報を統合して、国税債権などを一元的に管理・分析して、税務調査や滞納整理に活用している）を活用します。

ＫＳＫシステムには、会社の申告情報が記録されているのですが、その際に、この例でいうと、前期の給与と当期で計上される給与、雑給の合計金額は同じであっても、科目が異なるため、比較すると部分的に「異常値」として判断されることがあります。その結果、その会社が調査選定され、税務調査を受ける可能性が高まります。
税務調査に強い税理士は、このあたりの事情をよく知っているので、新たに顧問契約を開始したとしても、いきなり自分の事務所のやり方にするのではなく、時間をかけてゆっくりと対応していきます。

税務調査とはどういうものか

税務調査とは、国税庁が管轄する税務署が、納税者の申告内容を帳簿などで確認し、誤りがないかどうかを調査することです。**創業して5年を超えると一度は経験している経営者も多いでしょう。**

誰が調査に来るかというと、所轄税務署の調査部門の担当者です。調査部門は通常、統括官（一般企業でいうところの課長）、上席調査官（同じく係長）、調査官（同じく主任）、事務官（同じく一般職員）というふうに6～8名程度で構成されています。

最近では、調査に来る人のうちいちばん多いのが上席調査官です。税務署も昔は人員が豊富にいたのですが、職員数が少しずつ減少しています。国税庁が発足した１９４９年6月の人員は6万４９５人だったのが、２０１７年度は5万５６６７人と、４８２８人も減っています。

上席調査官と聞くと、いきなりベテランが出てきてビックリしますが、人手不足の事情もあって、上席調査官が現場調査を担当するケースが増えています。

ちなみに、税務署の事業年度は通常の役所の4月1日スタートではなく、7月1日からスタートし、翌年6月30日までとなっています。そのため、**大部分の調査官は、7月から年末までに数字を上げることを目標**としています。その上げるべき数字とは、計画した調査件数を達成することを意味します。

調査官の仕事において、**追徴税額に関するいわゆる〝ノルマ〟はありません**。よく「税務調査にお土産（売上の帳端計上もれ、契約書の収入印紙貼り忘れなど何らかの課税が発生する事象）が必要」などと言われますが、そんなことはなく、すべて適正に処理されていれば、是認されることになります。必要以上に税務調査を恐れることはありません。そのためにも日々の記帳、毎年の申告を適時適正に行うことが大切です。

Check!

□税理士の変更があったからといって税務署が動くことはない

□適正な申告をしていれば「お土産（税金）」は必要ない

35 IT化、電子申告が進んでいる

電子申告は利便性を向上させる

近年のＩＴの進歩は目を見張るものがあります。税務申告においても例外ではなく、平成30年度税制改正により、**一定規模の法人が行う法人税等の申告は「ｅ－Ｔａｘ」により提出しなければならない**こととされました。また、従来から使用されていた国税の電子申告・納税システム（ｅ－Ｔａｘ）の普及も浸透してきていて、２０１７年度の申告や申請における「法人税申告」オンライン利用率は80％となっています（次ページのグラフ参照）。

こうした中、企業と税理士の負担軽減と行政手続コストを削減するため、申告データを円滑に電子提出できる環境整備を進めつつ、まずは大企業について、電子申告の義務化が行われることになりました。中小企業は義務化されていませんが、**利便性向上施策については適用される**ので、その点もぜひ確認してください。

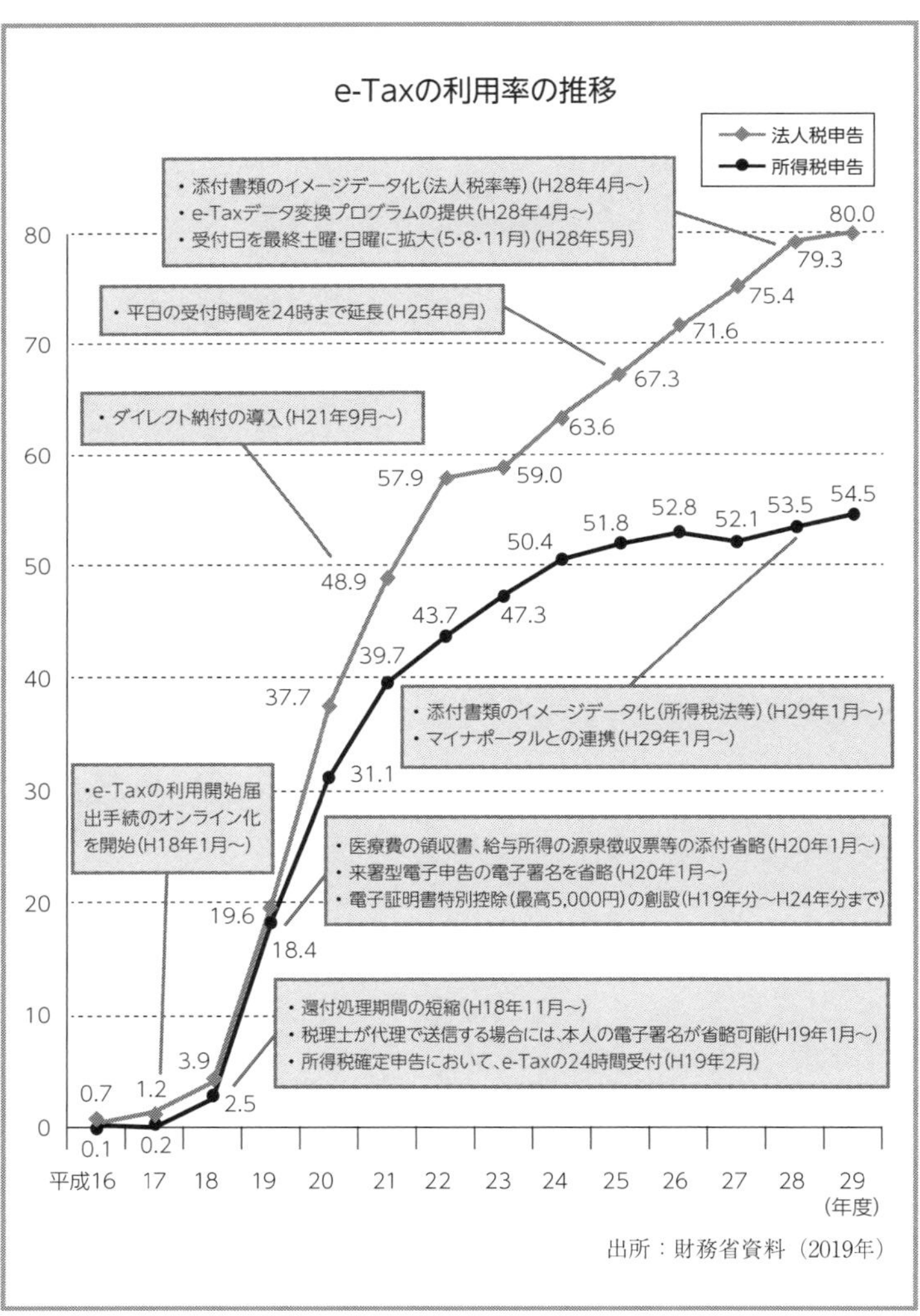
e-Taxの利用率の推移
法人税申告
所得税申告
・添付書類のイメージデータ化（法人税率等）（H28年4月～）
・e-Taxデータ変換プログラムの提供（H28年4月～）
・受付日を最終土曜・日曜に拡大（5・8・11月）（H28年5月）
・平日の受付時間を24時まで延長（H25年8月）
・ダイレクト納付の導入（H21年9月～）
・添付書類のイメージデータ化（所得税法等）（H29年1月～）
・マイナポータルとの連携（H29年1月～）
・e-Taxの利用開始届出手続のオンライン化を開始（H18年1月～）
・医療費の領収書、給与所得の源泉徴収票等の添付省略（H20年1月～）
・来署型電子申告の電子署名を省略（H20年1月～）
・電子証明書特別控除（最高5,000円）の創設（H19年分～H24年分まで）
・還付処理期間の短縮（H18年11月～）
・税理士が代理で送信する場合には、本人の電子署名が省略可能（H19年1月～）
・所得税確定申告において、e-Taxの24時間受付（H19年2月）
0.7
1.2
3.9
19.6
37.7
48.9
57.9
59.0
63.6
67.3
71.6
75.4
79.3
80.0
0.1
0.2
2.5
18.4
31.1
39.7
43.7
47.3
50.4
51.8
52.8
52.1
53.5
54.5
0
10
20
30
40
50
60
70
80
平成16
17
18
19
20
21
22
23
24
25
26
27
28
29
（年度）
出所：財務省資料（2019年）

ＩＴ化、電子申告は、税務申告の利便性を向上させます。記帳代行のＡＩ化と相まって、中小企業でも、将来の申告業務をすべて自社で行う日が来るかもしれません。

また、会計事務所には規模の大きなところと小さなところがありますが、電子申告を積極的に着手しているのは比較的規模の大きい会計事務所のようです。

ここで、規模が大きい事務所と小さい事務所のどちらがよいか比較してみましょう。

まず、**規模の大きい事務所は、多数のクライアントを抱えているため、事務所内に経験値が蓄積され、イレギュラーな問題が発生しても自社で対応できる**ことが多いのが特長です。また、事務所が組織化されているので、仕事が担当者の属人的になることが少なく、担当者が離職しても顧問先企業の業務に影響を与えないようにしてくれます。ただし、顧問料などは高くなる場合が多いようです。一方、**小さい事務所は代表税理士との距離が近く、必要に応じてすぐに税理士が対応**してくれます。

規模の大小一長一短ありますが、自社の事情を考慮して選択されるとよいでしょう。

Check！

□法人税の電子申告は8割近くになっている
□規模の大きい事務所は組織で対応、小さい事務所は所長税理士の個性で対応

36 意外と多い会計事務所の保険勧誘

保険加入は会社にとって本当に得なのか

会計事務所から生命保険の加入を勧められたことはありませんか？　おそらく一度や二度はあるかと思います。

２０１９年2月に損金性の生命保険の販売に関して国税庁から指導が出ましたので、今は該当する生命保険商品はないのですが、それ以前は、利益を繰り延べる手段として生命保険が活用されていました。なぜ、会計事務所が生命保険を販売するかと言うと、

❶かつては利益を繰り延べることのできる保険商品があり、これが決算前に節税を求める経営者のニーズに合致した

❷会計事務所は、顧問先の経営成績や財政状態をタイムリーに把握しているので、試算表や決算書から本当に必要な保障額を計算できる立場にあった

❸経営者に万が一の事態が起きた場合、受取保険金をどのようにすべきか？　発生す

る相続税はどれくらいか？　を総合的にアドバイスできる立場にある
これらに関しては、正しくもあり、正しくもありません。
まず、❶については、前述したように、そもそも節税ではなく、単に利益の繰延に過ぎません。経営者が節税を求めるのは、納税額を少なくし、社内に資金を留保することが目的ですが、時間をかけて保険料を積み立てるよりも、その**資金を自社の設備投資、事業に投資したほうが結果として会社が得る利益は多くなる**のではないでしょうか。
また、解約時に発生する保険解約益を消すための損金（通常は退職金）が必要ですが、これもその時に適切に発生するわけではありません。
❷については、正直、会計事務所がそこまで把握していることは少なく、どちらかと言えば、❶の決算対策のために保険加入を勧めることが多い。
❸については、そのとおりです。死亡保険金を会社が受け取ったほうがよいのか？　個人で受け取ったほうがよいのか？　その際の死亡退職金はいくらにするか？　会社存続のために、退職金を支払った後にどの程度の運転資金が必要か？　など多方面から考慮すべき事項があります。これこそ顧問税理士にしかできないことです。
話はそれますが、会計事務所は保険会社と提携していますから、会計事務所が紹介した保険会社から一定の手数料が入ることになります。これは結構「オイシイ収入」にな

るといいます。**保険加入が会社にとって得なのか、会計事務所にとって得なのか、よくよく検討したほうがよい**でしょう。ついでに言えば、保険会社についても指摘しておかなくてはなりません。決算書も読めない保険会社の営業担当者が義理人情、プレゼントで、節税（の保険商品）だけ売っていればいいんだということでやってきたから、日本の中小企業の資金繰りがおかしくなった、というのは言い過ぎでしょうか。

経営がしっかりしていて不況でも生き残っている企業は、積立型の保険をゼロにしたり、不要な保険には入らないものです。しっかりした経営者はわかっています。

日本の法人税は約35％です。利益が８００万円以下なら25％です。節税のために（本当は節税になっていませんが）８００万円の保険料を支払えば、手元に残るキャッシュフローはゼロです。節税のための保険には入らず税金を支払えば、手元には６００万円残ります。どちらが会社経営にとってよいでしょうか。

Check!

□保険加入は一時的な節税にはなるが、キャッシュフローを悪くする
□保険での節税は、節税でなく利益の繰延にすぎない
□税金を払って現金を残すほうがはるかによい

第4章

資金繰り表を作成しない会社は生き残れない

企業経営で最も重要なことは何でしょうか。

売上？　利益？　経営戦略？　経営計画？　人材戦略？

どれもこれも重要なことばかりですが、会社経営でいちばん重要なことは、「会社を潰さないこと」です。売上があって利益があれば会社は潰れない、というのは大きな間違いです。損益計算（PL）が黒字であっても、手元の資金が足りなければ、それを何らかの方法で補填しないと会社は倒産するのです。いわゆる黒字倒産というのはよくあることです。逆に、赤字経営でも、手元に資金があれば倒産しないのです。

その意味からすれば、会社経営のキモは「資金繰り」です。極論すれば、経営者は資金繰りだけ見ておけばいいのです。

本章では、この資金繰りの重要性を見ていきますが、多くの中小企業はその重要性についてあまり意識が高いとは言えないようです。このままでは日本の中小企業は危うい！

37 資金繰り表を作成しない・できない会社がじつに多い

資金繰り表作成は令和時代の必須スキル

多くの中小企業の経営者は、資金繰り表は銀行融資のために作成するものだと考えています。銀行から求められる資料なので、仕方なく適当に作成しているのが実態でしょう。

ところが、融資を審査する銀行は、過去の融資について資金繰り表を稟議書に貼り付けていて、それと今回提出された資料を見比べています。いわば点（過去の状況）と点（現在の状況）を照合しながら、線（過去と現在の連続性）で見ているのです。

直近1年間に2回の運転資金の融資を受ける際に、過去の資金繰り表と現実との間に大きなブレがあったら、必ず指摘されます。

私（篠﨑）が銀行員時代はよく、「これはいい加減に作成したものじゃないですか？」

と会社の社長に詰め寄りました。

「今回作成したものと前回作成したものの連動性が全くないですね。多少のブレはあるのはわかりますが、これは相当の違いがあります」

こうして、前回作成してもらったものを見せて連続性がないことを指摘します。一目瞭然です。

年2回、返しては借りる

中小企業はだいたい年2回銀行から運転資金を借ります。そのほとんどは長期の5年以上の返済です。融資案件が10件あれば、年に2件返済が終わります。けれども、返済が終わる頃には運転資金が必要になります。すると、返しては借りる、返しては借りる、ということを年2回ずつ繰り返しているのが現実なのです。

経営は連続しているのに、銀行融資を受けるためだけに資金繰り表をいい加減に作成していると、「その場限りのもの」になってしまいます。

会社経営にとってすごく重要なことは、「お金が回っていく」ことであるのに、事業を継続していくために資金繰り表を作成するという概念があまりない。中小企業の多くはこの概念や意識が抜けているのです。

売上が増えていけば、自動的にお金が増えていくと本気で思っている経営者がいまだに多いようです。

年商規模が10億を超えて、経理体制ができている会社はこのことをわかっていて、自己流で資金繰り表を作れます。年商が30億円ほどの製造業などでは有能な経理担当者がいます。職位が課長であれ部長であれ。社長が「資料を持ってこい」と言えば出てくる体制がとれています。

しかし、年商１～３億円ぐらいの企業だと、資金繰り表を作成している会社はかなり少ないのが実態です。

Check!

- □銀行は過去（点）と現在（点）を結んで連続性（線）で経営を見ている
- □資金繰り表を作成していないのは、資金管理ができていないことと同じ
- □資金繰り表の作成は、令和時代の経営者の必須スキルである

38 試算表と資金繰り表は融資のマスト要件

銀行も信用保証協会も必ず要求する

信用保証協会保証付き融資を受ける際、「試算表と資金繰り表を出してください」と保証協会から要求されることが多くなりました。通常、5年の運転資金を借りる、7年で借りるとなったら保証協会は求めてきます。

リスケなどをしている重点管理先の企業については、四半期ごと（3か月ごと）に試算表を求めてきます。赤字かつ多重債務傾向になっている要注意先についても重点管理先と同様の取り組みをしています。

試算表と資金繰り表は、融資に際してのマスト資料です。年一決算しかしない会計事務所の場合、基本的に月次の試算表を作成することを忘れています。自分の仕事と考えない。こういう会計事務所では、お金を借りるときだけ試算表の作成を依頼されても、「すぐにはできません」となります。

そんな場合、私は「すいません。これ銀行融資で使うものだから、私の仕事ではないので、出てくるのが遅ければすべてあなた方が悪いということになりますよ」と会計事務所の担当者に言います。

私は経営者に依頼されて財務コンサルタントとして関与しているので、融資のマストアイテムを会計事務所が作成せず、それが原因で融資ができないとなったら……どうなるでしょうか。

会計事務所は、毎月上げる報告も忙しいときは手を付けていません。12月から翌年５月は出てくるのが遅いのです。７割の企業が12月とか３月決算なので、この期間は多くの企業の決算が集中して、会計事務所はどこも多忙にしています。

試算表作成に必要な経理資料を渡しているにもかかわらず、試算表がなかなか出てこない、２週間以上も日数がかかる、そういう会計事務所は会社をしっかり防衛するためにも、いずれ切り捨てられても仕方がないでしょう。

Check!

- □決算後３か月以上経過していれば、試算表が必要である
- □試算表の作成にすぐに対応しない会計事務所は、退場してもらうしかない

39 資金繰り表を作成しないのは経営者の怠慢

中小企業に財務畑の社長はいない

資金繰りについて無関心、あるいは軽視する会社の諸悪の根源は経営者にあります。資金繰りの重要性を認識していない経営者の責任が51％。そして、24・5％は会計事務所にあり、あと24・5％は銀行にあります。

会社経営に最も責任がある経営者、企業会計代行を生業にしている会計事務所、そして資金を融資しても資金ショートしたら返済してもらえないことがわかっている銀行、つまり当事者のだれもが会社経営のキモである資金繰り表に関心を示さないのはいったいどういうことでしょうか。

これには1つの理由があります。資金繰り表を作成するときに必要なのは簿記の知識です。簿記の仕訳のイメージがわからない人は、資金繰り表や経理のことをまず理解できない。

中小企業の経営者は、とにかく売上を上げることだけは強いです。そこに一日の長がないと事業が成り立ちませんから。財務畑の人が社長をやることは上場企業ではあることですが、中小零細企業ではほとんどが営業畑です。

中小企業の経営者はそもそもお金についてのリテラシーが低い。事業に関しての数字は多少強いとしても、財務に関する数字についての仮説（未来予測）を立てる習慣がないのです。

会社を潰さないために、翌月、翌々月、3か月先、6か月先に、会社の資金がどのようになっているかを把握しておくことはとても重要であるし、経営者が第一につかんでおかなくてはならない最優先の指標でしょう。先行きがわからなければ、夜も眠れないというのが経営者というものです。

Check!

- □資金繰りの重要性を認識していないのは経営者の責任が51％
- □中小企業の経営者はマーケティングに強いが、財務に弱い
- □経営者が第一につかんでおかなくてはならないのは資金繰りの数字

40

通帳と主要な指標をチェックするだけでも、過去の経営状況はイメージできる

通帳の月末残高が会社のキャッシュフロー

私は難しいことを言っているのではありません。預金通帳に毎月、月末に線を引いて見ているだけでも資金が増えたり減ったりはわかります。それを過去3年～5年で棒グラフや折れ線グラフにします。それに加えて、売上、経常利益、現預金の残高、借入金残高を月ごとで3年～5年間くらい見るだけでも、会社が過去どういう状態であったか視覚的にわかります。

資金繰りを具体的にイメージするために、実際に通帳と試算表を使って、見える化（グ

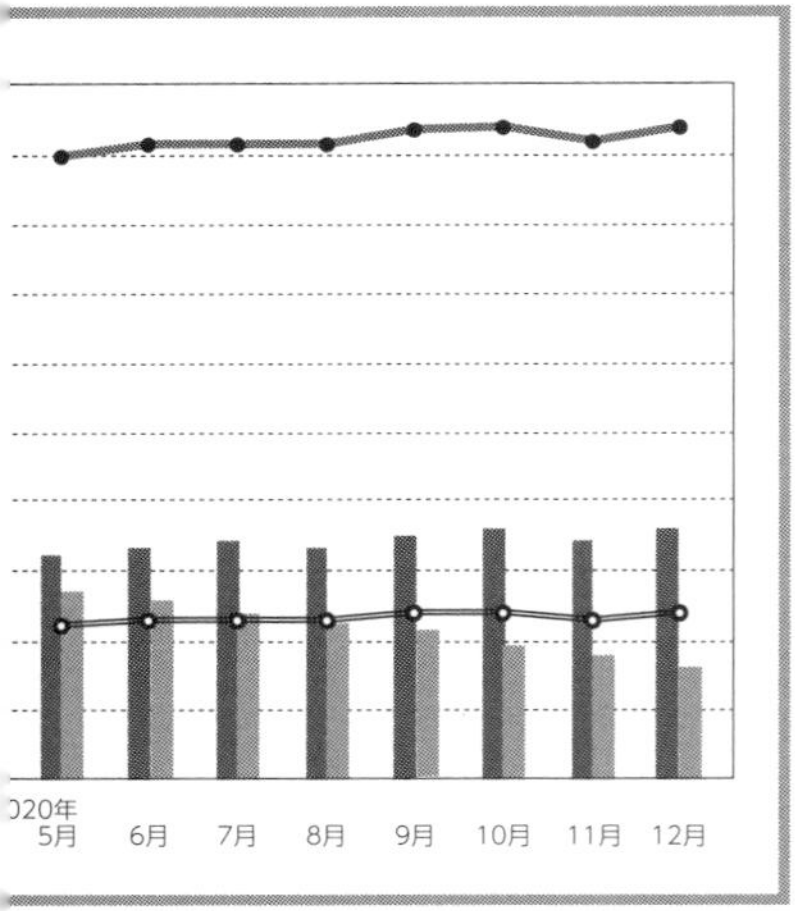

020年 5月 6月 7月 8月 9月 10月 11月 12月

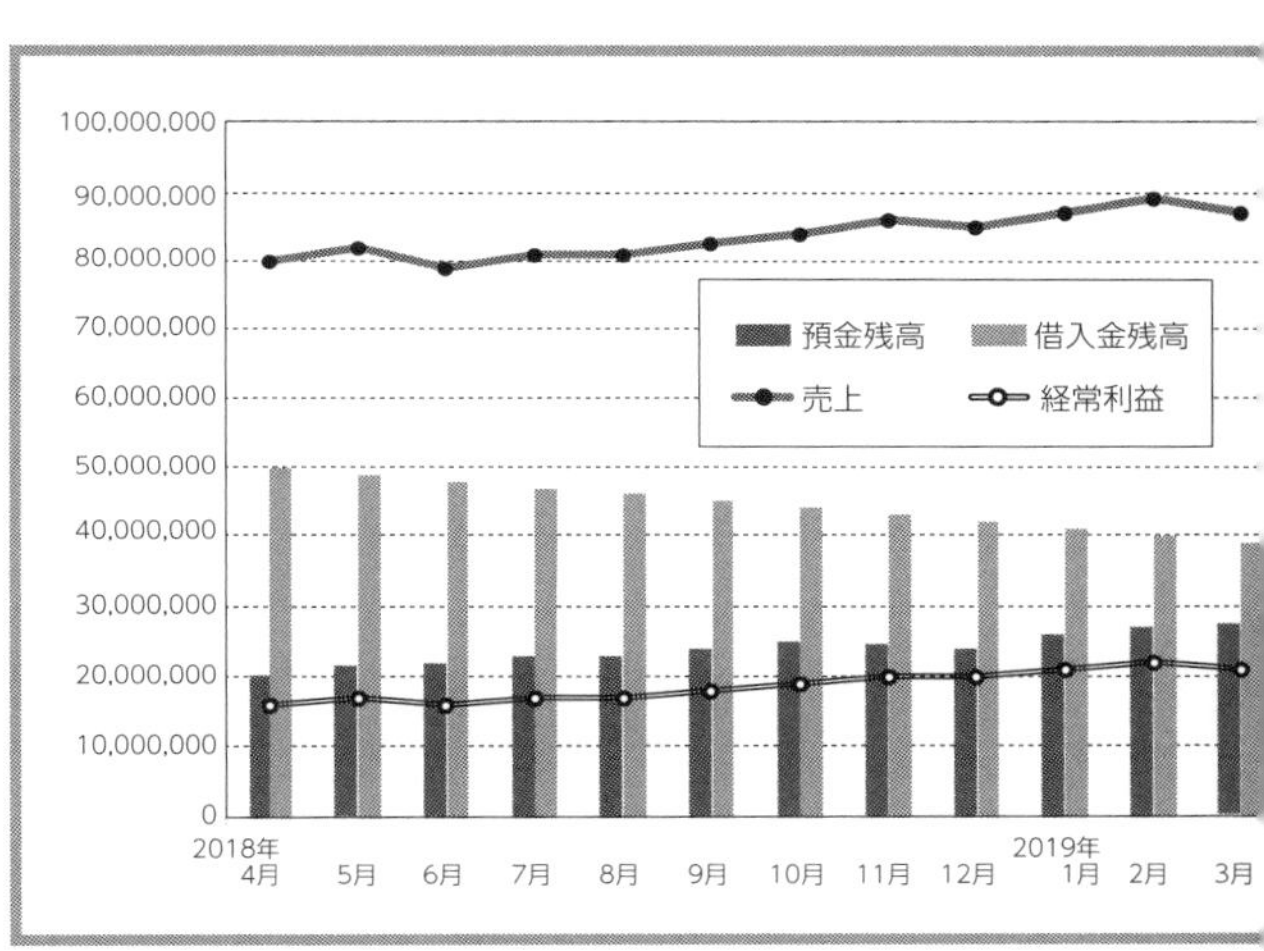

ラフ化）してみましょう。

見ていく数字は次の４つです。「売上」「経常利益」「借入金残高」「預金残高（現金含む）」。

これらの数字を例えば過去3年（36か月）グラフ化します。すると、上図のようなグラフであれば、会社は目立って大きく成長してはいないものの、経営は安定していることがわかります。売上、経常利益は微増で、順調に借入金を返済できています。また、資金繰りは潤沢ではないけれども、キャッシュフローを毎月増やしています。

□過去36か月の売上、経常利益、借入金残高、預金残高をグラフ化する
□これらの数字をグラフにすると、過去の経営状況が一目でわかる

41 まず「過去の（実績）資金繰り表」を作成してみる

過去のお金の流れで経営の特性がわかる

最初に経営計画・損益計画があって、資金繰り表はそのあとに出てくるものです。いちばん最初にあるのが、どういうことをして事業運営するのかという経営計画です。その計画によって、あるいは経営計画がないとしても、予定の損益の計画を立てます。予定の損益計画で売上を立てる、仕入を予定する、経費を支払う、差し引いて営業利益、利息を払って経常利益が出ます。それを中期では3～5年分作成します。

これが普通の手順ですが、これらの計画を作る前に、実績の損益を直近3年だったら36か月、それと実績の資金繰り表を36か月分作成して、実績の損益と実績の資金繰り表を照合して見ていくことをお勧めします。前項の預金通帳と試算表の主要数値だけのグラフが過去の経営実績の「簡易版」とすれば、これは「過去における本格的な資金繰り表」ともいうべきものです。

この「過去の資金繰り表」を見ると、過去の経営の詳細がすべてわかります。なぜこのタイミングで資金不足になったのか、季節変動要因はどこにあったのか、そのときの市況はどうだったのか、原油価格はどうだったのか、さまざまな要因が思い出されるでしょう。

それこそＳＷＯＴ分析（内部要因の「強み」「弱み」、外部要因の「機会」「脅威」を分析して経営戦略や戦術を抽出）やＰＥＳＴ分析（マクロの経営環境を政治、経済、社会、技術の４つのフレームで分析）をしてみる。中小企業でこれらの分析ができるのは経営者しかいません。

それをしていく中で、売上が上がっていったところでは、どうしてここで売上がドカンと上がったのか、特需があったのか、そのときの外部環境はどういうものだったのかというのを振り返って考えるのです。売上が大きく下がったときの要因分析も当然行います。同様に仕入や経費についても検証していきます。

私たちのような財務コンサルタントは、経営分析についてはこれくらいのことはやっていきます。

過去を見ればだいたいのことはわかります。**売上は６～７割は既存顧客で、あとの３～４割は特殊要因である**、といったことがわかってくるのです。

9月	10月	11月	12月	令和3年1月	2月	累　計
6,897	6,904	6,411	6,918	7,425	7,232	—
7,000	6,500	7,500	7,500	8,000	8,000	90,268
0	0	0	0	0	0	0
2,000	2,000	2,000	2,000	2,000	2,000	22,000
0	0	0	0	0	0	0
9,000	8,500	9,500	9,500	10,000	10,000	112,268
150	150	150	150	150	150	1,800
3,000	3,000	3,000	3,000	3,000	3,000	37,200
425	425	425	425	425	425	5,487
10	10	10	10	10	10	80
600	600	600	600	600	600	7,610
465	465	465	465	465	465	5,579
50	50	50	50	50	50	575
1,400	1,400	1,400	1,400	1,400	1,400	17,354
100	100	100	100	100	100	1,100
300	300	300	300	1,500	300	5,200
500	500	500	500	500	500	5,954
470	470	470	470	470	470	5,537
50	50	50	50	50	50	550
200	200	200	200	200	200	2,396
5	5	5	5	5	5	55
0	0	0	0	0	0	310
0	0	0	0	0	0	0
10	10	10	10	10	10	110
40	40	40	40	40	40	440
10	10	10	10	10	10	110
80	80	80	80	80	80	880
10	10	10	10	10	10	110
180	180	180	180	180	180	2,179
50	50	50	50	50	50	650
160	160	160	160	160	1,660	4,930
445	445	445	445	445	445	5,583
8,710	8,710	8,710	8,710	9,910	10,210	111,779
290	−210	790	790	90	−210	489
0	0	0	0	0	0	0
0	0	0	0	0	0	0
0	0	0	0	0	0	0
0	0	0	0	0	0	0
0	0	0	0	0	0	0
0	0	0	0	0	0	0
0	0	0	0	0	0	0
0	0	0	0	0	0	0
0	0	0	0	0	0	0
0	0	0	0	0	0	0
0	0	0	0	0	0	0
155	155	155	155	155	155	1,860
0	0	0	0	0	0	0
116	116	116	116	116	116	1,392
12	12	12	12	12	12	120
0	0	0	0	0	0	0
283	283	283	283	283	283	3,372
−283	−283	−283	−283	−283	−283	−3,372
7	−493	507	507	−193	−493	−2,883
6,904	6,411	6,918	7,425	7,232	6,739	—

■資金繰り表の例（実績資金繰り表も実際の資金繰り表もフォームは同じ）

	令和2年3月	4月	5月	[illegible]	7月	8月
前月より繰越	9,639	6,177	[illegible]	[illegible]	7,383	6,890
売掛金回収	8,268	8,000	[illegible]	[illegible]	6,500	7,000
売掛金回収（新規売上）	0	0	[illegible]	[illegible]	0	0
手形割引	0	2,000	[illegible]	[illegible]	2,000	2,000
その他の営業収入	0	0	[illegible]	[illegible]	0	0
≪経常収入≫	8,268	10,000	[illegible]	[illegible]	8,500	9,000
役員報酬	150	150	150	150	150	150
賃金	3,300	3,300	[illegible]	[illegible]	3,000	3,000
法定福利費	555	682	[illegible]	425	425	425
厚生費	0	0	[illegible]	0	10	10
外注加工費	1,010	600	[illegible]	600	600	600
地代家賃	464	[illegible]	[illegible]	465	465	465
水道光熱費	25	50	[illegible]	50	50	50
燃料費（軽油税含む）	1,954	1,400	[illegible]	[illegible]	1,400	1,400
修繕費	0	100	100	100	100	100
租税公課	0	300	1,000	300	300	300
賃借料	454	500	500	500	500	500
保険料	367	470	470	470	470	470
備品・消耗品費	0	50	50	50	50	50
旅費交通費	196	200	200	200	200	200
支払手数料	0	5	5	5	5	5
車両費	310	0	0	0	0	0
広告宣伝費	0	0	0	0	0	0
発送配達費	0	10	10	10	10	10
諸会費	0	40	40	40	40	40
事務用消耗品費	0	10	10	10	10	10
通信交通費	0	80	80	80	80	80
接待交際費	0	10	10	10	10	10
管理諸費	199	180	[illegible]	180	180	180
雑費	100	50	[illegible]	50	50	50
税金納付	1,670	[illegible]	[illegible]	160	160	160
支払利息	705	[illegible]	[illegible]	445	445	445
≪経常支出≫	11,459	9,257	[illegible]	9,000	8,710	8,710
【経常収支】	[illegible]	743	300	1,000	−210	290
不動産売却額	0	0	[illegible]	0	0	0
≪設備収入≫	0	0	[illegible]	0	0	0
車両購入費	[illegible]	[illegible]	[illegible]	0	0	0
≪設備支出≫	0	0	[illegible]	0	0	0
【設備収支】	0	0	[illegible]	0	0	0
長期借入金（A信金）	0	[illegible]	0	0	0	0
短期借入金（A銀行）	0	[illegible]	0	0	0	0
長期借入金（B銀行）	[illegible]	[illegible]	0	0	0	0
長期借入金（C信金）	0	[illegible]	0	0	0	0
社長借入	0	[illegible]	[illegible]	[illegible]	0	0
≪財務収入≫	0	0	[illegible]	[illegible]	0	0
長期借入金（A信金）	155	155	[illegible]	[illegible]	155	155
短期借入金（A銀行）	0	[illegible]	[illegible]	[illegible]	0	0
長期借入金（B銀行）	[illegible]	116	[illegible]	[illegible]	116	116
長期借入金（C信金）	0	0	[illegible]	[illegible]	12	12
社長借入返済	0	0	0	0	0	0
≪財務支出≫	271	271	283	283	283	283
【財務収支】	−271	−271	−283	−283	−283	−283
【収支過不足】	−3,462	472	17	717	−493	7
次月繰越	6,177	6,649	6,666	7,383	6,890	6,897

●経常収入
実際の入金額を記入する。手形割引は、銀行で当月に割引をした金額のみを記入する。利息は計算書を見て、支払利息に記入する。

●経常支出
仕入、外注費、販売費及び一般管理費など、出金した金額を費目ごとに記入する。税金や支払利息も含まれる。

●設備収入
不動産や機械設備、車両の売却額などを記入する。

●設備支出
不動産や機械設備、車両の購入額などを記入する。

●財務収入
銀行からの融資（短期、長期とも）、社長からの借入金などを記入する。

●財務支出
銀行融資（短期、長期とも）返済金、社長借入金の返済額などを記入する。

お金の流れをどうつかむか

お金の特徴をつかむときに留意しておくことは、経営の三要素、人・物・金です。「人」は人件費。「物」は売上と仕入、及び設備の購入と売却です。「金」は銀行の借入と返済です。

損益を見る前にお金の流れだけを見ていく中で、自分たちの経営がどう回ってきたのかという検証をしておく必要があります。それを検証するためには、前提として経営計画がなくてはなりません。**計画がなければ検証ができない。資金繰り表と経営計画は連動させていくもの**です。損益計算書と資金繰り表を照合したあとに、月ごとの実績の貸借対照表で比較していくと、計画と合致しているか乖離しているかがわかります。

過去の実績に基づく資金繰り表ならば会計事務所も着手しやすいと思うのですが、これをあまり作りたがりません。この作業は手間がそれなりにかかりますから、1年分作るのであれば1か月分（例えば3万円～5万円）、3年分であれば3か分、顧問料を上乗せして払ってあげればいいと思います。過去のものですから数字は拾えるはずです。難しいことは何もありません。

それでも実績の資金繰り表を作れないのであれば、前項のように、簡易版を作成して数値をグラフ化していけば、過去の資金の動きが視覚的にわかります。

令和時代の会計事務所はこういうことに寄与していくことが重要です。この作業は、物理的には3か月分の顧問料をもらっても割に合わないかもしれません。しかし、それをやらないのであれば、会計事務所の存在理由がないのです。

これからの会計事務所は、資金繰り表を作れるようになるためのアクションをしていかなければ生き残れません。その第一歩として、会計データを資金繰り表が出るような設定にしておくことも必要でしょう。資金繰り表は、単に近未来のキャッシュフローの状況を把握するためにあるのではありません。過去のお金の流れを分析して、経営的特徴（特性や問題点）をあぶり出していくためにあるのです。

資金繰り表は本来、会社が作るものです。社長が作ればいいのですが、それでは社長の仕事ができなくなってしまいます。

これからの会社経営は、経営計画と連動して資金繰り表を作成して管理会計ができる会社とそうでない会社に峻別され、そして前者のみが生き残ることができるのです。

Check!

□経営計画がなければ経営の振り返り（検証）ができない
□実績の資金繰り表ならば会計事務所も比較的作成しやすい

42 会計ソフトでは資金繰り表は作成できない

経理は発生主義、お金は実証主義である

資金繰り表を作らない経営者、作れない経営者は、令和の時代では完全にアウトです。消えてしまいます。会計事務所も然りです。そこでＡＩやＩＴがあるからと、「マネーフォワード」などのようなクラウド系の会計ソフトを導入する会社が生き残ると言われていますが、会計ソフトでは資金繰り表は作成できません。

資金繰り表というものは自動化できない仕事の最たるものです。経理社員に指示してすぐにできるものでもありません。

多くの会社は、基本的に「発生主義」で仕訳をしています。「現金主義（実証主義）」といって、現実に現金が出ていった、入ってきたという基準で仕訳をやっているのだったら、資金繰り表はすぐに出てきます。

しかし、発生主義だと、例えば１００万円の売上の場合、それが全額現金入金なのか、

翌月入金なのか、あるいは3か月後か、6か月後かはすぐにはわかりません。会計ソフトで仕分けして計上するときは、単に「売上」のみです。

多くの会計事務所が使っているＴＫＣ（税理士・公認会計士の全国組織）が提供している会計ソフトでもそうですが、会計ソフトで出てきている実績で資金繰りを照合すると数字の突合がデタラメで、ピッタリ正確な資金繰り表になりません。

本書の発行元である株式会社マネジメント社（出版社）のケースだと、同じ図書の売上であっても、取引形態が5種類ぐらいあって、それぞれに入金サイトも違うといいます。講演会などでの現金入金、問屋にあたる取次会社からの注文は原則翌月入金、アマゾンなどのネット書店は3か月後、新刊の委託は6か月後、そして「常備」という取引形態では12か月後の入金だといいます。１００万円の売上を細分化すれば、こうしたことも資金繰り表に反映させなくてはなりません。

同じように、仕入や経費もそれぞれの取引形態で支払サイトが違うはずです。文具や消耗品などは現金で支払うことが多いでしょうし、給与や家賃、融資返済金などは当月または翌月、材料費や外注費は3か月後などさまざまです。

だから発生主義の会計ソフトをベースに実証主義の資金繰り表は作成できないし、無理に作成しようとすると、時に資金が大幅にプラスになったりします。実際にプラスならいいのですが、多くの場合、入金は遅れてくるものです。そして、実際にはマイナスになったりします。マイナスになったらアウトです。会計ソフトをベースに作成するとこうしたことが起こりうるのです。

会計ソフトなどで自動化された状態でマイナスになっていると、なぜマイナスになるのかすぐにはわからない。請求書を発行する段階の発生主義で処理しているからです。しかし実際には、翌月以降に入金されることがほとんどです。請求書を発行しても、入金されるのは翌月とか翌々月、3か月後、6か月後だったりします。そこで、136~137ページにあるように、売上や仕入の管理表を作成しておく必要があります。

大企業のように専用の会計システムを構築している場合は別として、中小零細企業が使っている会計ソフトでは、資金繰り表の作成までは不可能でしょう。

経営者が問題意識をもって、経理担当者を育成するか、会計事務所に委託して、資金繰り表を作成するようにしないと経営の実態を把握できないのです。

Check!

□資金繰り表は、基本的に自動化できない
□会計ソフトで資金繰り表を作成すると、時に資金がマイナスになる

■銀行が求める一般的な資金繰り表

			21年1月 実績	21年2月 実績	21年3月 実績	21年4月 計画	21年5月 計画	21年6月 計画
収入	現金売上							
	売掛金回収（現金）							
	手形割引							
	手形期日入金							
	その他							
	計（A）							
支出	現金支払							
	買掛支払（現金）							
	支払手形決済							
	役員報酬・人件費							
	経費							
	支払利息							
	その他（設備等）							
	計（B）							
差引過不足 A－B＝C								
前月より繰越D								
財務収支	短期借入	借入						
		返済						
	長期借入	借入						
		返済						
翌月へ繰越								

※お金の流れだけで、売上や支払の内容までの詳細はないが、その根拠となる数字の明細は、バックデータとして用意しておく必要がある。

（単位：千円）

R 2/8月	9月		6月	7月	合　計

ついての「販売管理費の取引管理表」も作成しておくとよい。この場合、る。例えば、「広告宣伝費」「会議費」「旅費・交通費」「接待交際費」など。

■販売先取引管理表（例）　※「仕入先取引管理表」も同様

NO	取引先名	割合	回収条件	特記事項
1	A社		現金 100%	月末締め・翌月末
2	B社		現金 100%	月末締め・翌々月 10 日
3	C社		現金 50%　手形 50%（サイト 90 日）	
4			現金　%　手形　%（サイト　日）	
5			現金　%　手形　%（サイト　日）	
6			現金　%　手形　%（サイト　日）	
7			現金　%　手形　%（サイト　日）	
8			現金　%　手形　%（サイト　日）	
9			現金　%　手形　%（サイト　日）	
10			現金　%　手形　%（サイト　日）	
		100.0%		

※「販売先取引管理表」や「仕入先取引管理表」に加え、諸経費の支払い
　相手先や金額欄に加えて、「勘定科目」の欄を設けておき、科目を記入す

43

辻褄が合っているように見せかけている資金繰り表はNG

発生と現実の数字は合わないのが普通

ときどき、損益計算書と資金繰り表の同月末の数値がピッタリ合っているのを見ることがあります。損益計算書では当月末「経常利益」、資金繰り表では当月末「資金残高」の数字を合わせてしまっている。これは明らかに辻褄合わせをしています。損益の予定から見た月次決算の数字と資金繰り表の数字はズレていて当然です。損益計算は発生主義、資金繰り表は現実主義です。これが月次でピタリと合うほうがおかしいでしょう。

資金調達も同じことです。必要資金は500万円か1000万円か、返済期間の3年間でどういう効果があるか、ということを仮にでも検証してからです。

ところが現状はどうでしょうか。お金を借りる側も貸す銀行側も、前の融資の期日が終わったから、継続して融資しましょう、となんとなく継続している場合が多い。内部資金が心配だからでしょう。融資1本終わってからまた1本借りるわけです。

私の銀行員時代のことですが、お客さんから電話がかかってきて「前任者のときに借りたものが3か月後に終わるから、また借りたいのだけれど」と言われたことがあります。そのとき私は難色を示しました。そして、なぜ借りようとするのかと聞くと、会社の資金残高が減るのが嫌だからというのです。

最高の経営というのは、極論すれば、決算を〆たときに手持ちのキャッシュがゼロの企業がいちばん強い。つまりお金が余すところなく回っているということです。大企業とは違って中小企業は自分たちを評価してくれる第三者がいません。だから銀行に頼るしかないわけですが、その銀行が融資をいい加減にしているのが実態なのです。

実際の資金繰りでいえば、中小企業は何があっても3か月分の支払いがまかなえるだけの残高があったほうがいい。けれども、多くの中小企業は1か月分しか余剰がない状態で経営しているのが現実です。

Check!

☐発生主義の損益と現実主義の資金、月末でピッタリ合うはずがない
☐中小企業、何はなくても3か月分の運転資金が必要

44 資金繰り表は3～6か月先を予見する

数か月先の資金状況がわかれば安心できる

その会社が生き残れる会社かそうでないか、社長と面談しているとわかります。経営に真摯に向き合っている社長は、「必死になっている」ということがはっきり言動や態度に表れます。

自分たちの会社の売上と利益を上げるとき、赤字になるとき、それが予見できていれば、例えば、今までかけていた貯蓄性の保険を解約するタイミングがわかります。お金を借りるタイミングもわかります。経費を削減して資金効果でどれだけ改善できるかという止血のタイミングもわかります。

今日の明日では何もできません。最低でも3か月先のことまでが見えていなければなりません。収益を改善したいのであれば、6か月先を予見しなければなりません。6か月前から動いていれば収益は改善していきます。2～3か月くらいでは難しい。

資金繰り表はまた、短期・中期の経営計画と連動させるということも頭に入れておいてください。資金繰り表を資金繰り表としてしか考えないと、「木を見て森を見ず」ということになってしまいます。資金繰り表というのは、木であり森でもあるのです。資金繰り表は、経営計画の大切なアウトプットの１つです。

次のページは、年商２億５０００万円程度の物品販売会社の資金繰り表を単純化したものです。実際の資金繰り表は１２８ページに掲載したようにもっと細かいものです。

●９月～11月は過去の実績を示しており、12月、１月、２月までは予定の資金繰りです。振り返りができるので、過去もそのまま残しておくことが重要です。

●それぞれ月初の現金・預貯金残高は、前月末残高と同額になっています。

●最初に売上の入金が予定されています。これはすべて月末入金です。

●次に出金ですが、毎月10日の支払と月末の支払に分けています。大口の仕入先や給与などは毎月10日支払、小口の外注費や家賃、その他は月末、融資返済も月末です。

●まず、大口の支払がある10日に資金が足りているかどうかです。潤沢とは言えませんが、ギリギリなんとか間に合っています。

●11月まで少しずつ資金残高が増えていきますが、12月に賞与を支払うとかなり目減りします。

（単位：千円）

11月	12月	1月	2月
50	50	50	50
8,500	8,800	6,000	5,500
5,100	5,350	3,000	3,800
2,000	2,250	1,500	2,000
15,650	**16,450**	**10,550**	**11,350**
5,000	5,000	5,000	4,500
4,000	4,000	4,000	3,500
7,000	7,000	7,000	7,000
1,500	1,500	1,500	1,500
17,500	**17,500**	**17,500**	**16,500**
2,500	2,500	2,500	2,500
2,300	2,300	2,300	2,100
2,000	2,000	2,000	1,900
4,500	4,500	4,500	4,500
	6,500		
600	600	600	500
11,900	18,400	11,900	11,500
500	500	500	500
400	400	400	400
500	500	500	500
150	150	150	150
500	500	500	500
800	1,000	800	800
1,500	1,500	1,500	1,500
4,350	4,550	4,350	4,350
16,250	**22,950**	**16,250**	**15,850**
0	**0**	**0**	**0**
150	150	150	150
200	200	200	200
100	100	100	100
450	**450**	**450**	**450**
3,750	**－1,950**	**－1,350**	**－150**
800	**－5,900**	**800**	**200**
16,450	**10,550**	**11,350**	**11,550**

ので、何らかの形で資金手当が必要である。

■資金繰り表（6か月先までの資金予想）

		9月	10月
現金・預金			
現金	手元現金	50	50
預貯金	M銀行	8,000	8,200
	S銀行	4,000	5,000
	A信用金庫	2,000	1,600
■預貯金合計		**14,050**	**14,850**
経常収入（月末）			
卸売	a社（30日後）	5,000	5,000
	b社（90日後）	4,000	4,000
小売	小売（カード決済）	7,000	7,000
	小売（現金）	1,500	1,500
■経常収入合計		**17,500**	**17,500**
経常支出（10日）			
外注	ア社	2,500	2,500
	イ社	2,300	2,300
	ウ社	2,000	2,000
給与	社員	4,500	4,500
賞与	社員		
	パート・アルバイト	600	600
10日出金合計		11,900	11,900
経常支出（月末）			
外注	カ社	500	500
仕入	キ社	400	400
家賃・共益費		500	500
水道光熱費		150	150
源泉税		500	500
社会保険料		800	800
その他経費		1,500	1,500
月末出金合計		4,350	4,350
■経常支出合計		**16,250**	**16,250**
融資	M銀行		
	S銀行		
役員借入金	社長借入		
■財務収入合計		**0**	**0**
融資返済	M銀行	150	150
	S銀行	200	200
	A信用金庫	100	100
■財務支出合計		**450**	**450**
10日残高		**2,150**	**2,950**
収支過不足		**800**	**800**
次月繰越		**14,850**	**15,650**

①経営的には、季節変動もなくほぼ横ばいである。
②12月10日に賞与を支払う予定のため、10日に一時的に195万円の資金不足になる

45 資金繰り表の作成にはコンサルタント料を払うべし

会計事務所に別途料金で作成してもらう

結局、自分たちの会社のお金の流れをつかむには、一度自分たちの手で資金繰り表を作成する経験をしておかないと、どんなに会計ソフトで自動化しようとしても限界があります。

そこで、資金繰り表を作成できる経理社員が必要になりますが、そういうプロ経理パーソンを採用しようとすれば、東京都内であれば年俸700万円くらいはかかるでしょう。最低でも600万円は必要です。加えて社会保険料などの法定福利費もあります。

ところが、中小企業で600万、700万を経理社員に払える会社はあまりない。年商50億円を超えている企業でないとプロ経理の採用は難しいのです。

経理というのはバックオフィスですから、そこにお金を払うということは、経営者にとっては、コスト面でマイナスという発想になります。

しかし、売上と利益を上げるための過去の数字を使った振り返りの道具として使うのが資金繰り表であり損益計算書です。そこにある程度のコストをかけることは必要なのです。

経営者自らが資金繰り表を作成するのは大変いいことですが、経営者にはさまざまな仕事があります。会社の利益源である売上はどうなのか、それに見合った利益があるのか、顧客満足、社員満足は？　実際のところ、翌月末までの資金繰りを把握するのがせいいっぱいです。

そこで、年俸７００万円の経理社員は採用できないけれども、会計事務所に資金繰り表の作成を依頼し、その分のコンサルタント料を払うことが現実的ですし、会社の事業内容を数字で把握している会計事務所に依頼することは理にかなっていることです。

Check！

□中小企業では年俸が高いプロ経理パーソンを雇えない

□会計事務所には報酬をプラスして資金繰り表を作成してもらう

46

早く試算表がほしいなら、自計化するしかない

経理を自計化する企業は強くなる

経営者で資金繰り表を作れる人はあまりいません。ところが、それを会計事務所に委託しようとすると、「資金繰り表を作るのは社長の仕事ですから」と断られます。この断り文句は名言かもしれませんね。

会計事務所は経営のことはわかりませんし、もっと言えば事業のことは自分たちには一切関係ないと言っているようなものです。会計事務所というのは、出てきた数字を仕訳するだけだと思っています。このような意識のままでいたら、会計事務所の仕事はコンピューターに取って代わられます。令和の時代の会計事務所は、経営者に資金繰り表の作り方を教えてあげるくらいのことでないと、経営者が会計事務所をリスペクトしません。会計事務所を1か月3万円の代行業者としてしか評価しないでしょう。

会計事務所に毎月の試算表を早く出してもらいたいのならば、「自計化」といって、

自社でさまざまな数値を会計ソフトに入力して作成するほかありません。

会計事務所を間に通すということは、会計データがオンタイムで出てこないことがわかっていて依頼しているからいいのですが、会計データをオンタイムでリアルに見たいのであれば、身近な人間（経理社員）が入力して、資料の作り方、組み立て方、見せ方を含めて、社長が見たいと思ったときに見せられるようにします。

会計事務所も何十社というクライアントを抱えていますから、オンタイムで見ることができるはずはありません。ならば自計化して自社で計算すべきなのです。そして会計ソフトを使い、補助科目を付けて細分化できるようにしていけば、試算表くらいは出てきます。こうなれば、会計事務所はいつ切り捨ててもいいでしょうが、会計事務所はここで専門家としての監査機能を発揮することができるはずです。仕訳がきちんとできているか、勘定科目に間違いはないか、（製造業の場合）人件費を製造原価と一般管理費に分けて計上しているかなどは、専門家でないとできないことです。

Check!
□自計化すると経営のスピードがアップする
□自計化した場合、会計事務所には監査機能を担ってもらう

47 社員にお金の流れを意識させる

お金を知れば、生きた社員教育ができる

経営者はよくアクセルである売上のペダルは踏みまくりますが、ブレーキである経費の管理をされると嫌がる人がいます。できる経営者はお金の使い方について自ら従業員にレクチャーします。

「A君、君の売上はいくら?」と聞いてみて「5000万円です」と返ってきたら、「粗利は?」と聞いてみます。

「目標は達成できているかもしれないけれど、君の人件費や交通費や接待交際費もあるね。それらをすべて原価に入れてごらん」と。

そういう形で実態の粗利で見たときに、「君が手掛けている仕事の粗利の額と率を教えてくれ」と訊いて、それに答えられないとなったら、「それじゃマズイね」と教えていきます。さらにそこから資金繰りまで落とし込んでいきます。

「実際に君はこの1年間で売上はトップで、粗利の額はそこそこあるが、粗利率は低い。これを資金繰り表に落とし込んでみると、1年間で残るお金は君がいちばん少ないよ」

こういう教育をしていかなくてはなりません。社員1人ひとりが経理意識を持ち、自分がやっている仕事を数字で語れなくてはなりません。

その意味でも、前項で述べたように、会社の経理を自計化すると生きた社員教育ができます。経理社員は単に数字を会計事務所に伝えるだけでなく、自分で仕訳して会計ソフトに入力していくと、自然と「経営の数字」を把握できるようになります。

令和時代の中小企業は、経営者も社員も数字に強くなければなりません。常に数字を意識した働き方が求められます。資金繰り表の作成は、一部を会計事務所に委託するとしても本質的に経営者の最重要の仕事です。会議のときなどは、**経営者は数字で語れないと説得力がないし、社員からリスペクトされない**でしょう。

Check!

□お金の流れをつかむと、仕事の流れがよく理解できる
□若手社員にも経理意識を持たせる
□経理を理解できていない経営者は社員にリスペクトされない

48 プロ経理パーソンの養成が急務

プロは発生と現実を同時にウォッチする

私は今後「プロ経理」という言葉を世の中に広めようと思っています。会計事務所の職員に資金繰り表を作るという概念がなく、それを学ぶ機会もないのであれば、その実務をしっかり教える。

資金繰り表には、その企業のお金の流れの癖が出ます。直近3年間で季節変動要因があるのか、変動要因がある直前でお金の増減がどのように変化しているのか。資金繰りの場合でいえば、残高が平均して一定しているのがいい状態です。売上も利益もいきなり上がるのではなく、微増でゆっくりと上がっていくものでないと、銀行融資は増えていかない。なぜなら、銀行にとっては融資した会社のキャッシュフローがどうなのか、返済能力があるかどうかが重要だからです。

プロの経理パーソンはそれを知っています。また、資金繰り表を作成するにあたって、留意しなければならないポイントも知っています。先に紹介した年商2億5000万円規模の物品販売会社の例は単純化した資金繰りですが、実際にはさまざまな要素を取り込んだものにしなければなりません。まず、売上金の回収条件と外注費や経費の支払条件、この2つがきちんとわかっていなければなりません。

回収条件とは、物品を納品したりサービスを提供し、請求書を出してお金が入ってくるまでのリードタイムですが、これは当然短いほうがいい。リードタイムが長くなっているケースでも、利益率の高いものであれば、先に仕入れたりする費用は先出しになり資金不足となっても、銀行からお金を借りることができるかもしれない。しかし、そのリードタイムが長くなればなるほど、期間損益は赤字になります。お金を借りれば、その間の金利が発生するし、売掛金の管理コストや物品の管理コストもかかります。

プロ経理パーソンは、このような「発生」と「現実」の情報や数字を示して将来をシミュレーションし、それを経営者に提言できる人材です。

Check!

□企業規模が10億円を超えたら、社内にプロ経理パーソンを養成する
□プロ経理パーソンの養成はコンサルタントを使い3年かがりで

49 資金繰り表を作れない元銀行員を経理社員にしてはいけない

銀行員は資金繰り表を精査できない

銀行員も、銀行から「通信教育などで学びなさい」と言われますが、銀行業務の中で資金繰り表を作るための教育はありません。

これは驚くべきことなのですが、銀行業務の教育の中に「資金繰り表の作成」という科目自体がなく、研修でしっかり取り組んでいないのです。

また、これも驚くべきことですが、融資先企業から提出された資金繰り表が正当なものであるかどうかの精査もしていません。

この場合の精査というのは、例えば、売上の相手先ごとに回収条件までチェックしているかどうかということです。

実際に企業に作らせている資金繰り表の中にある、取引先ごとの入出金の状況を銀行はまず見ません。回収条件ごと、例えば売掛金回収、手形の割引、手形の期日など、そういったことしか見ていないのです（１３５ページ参照）。

支払についても、支払手形、買掛金、仕入高、外注、人件費くらいでしょう。あとは「その他」になっています。

銀行員は精査できないし、していないから、意識しているか無意識かは別にして、粉飾的資金繰り表かどうかを見抜くことができません。

１年間の資金繰り表の経常収支を作成したとします。経常の収入から支出を引いたものが１０００万円だとして、これを経営計画と照合すると、予定経常利益は１０００万円ではなかったりします。これは明らかに粉飾の資金繰り表です。

そんな資金繰り表を作成する元行員もいたりするのです。そのような人には手厳しく指摘したほうがいいでしょう。事は会社経営の根幹にかかわることなのですから、こんなところで粉飾されては困るのです。

中小企業の経営者は、銀行員は経理のプロ、財務諸表の数字に明るい、と思っています。それはある部分正しいし、ある部分間違った評価をしています。財務諸表の主要な数値の意味はわかるけれども、資金繰り表は作れないし、精査できる行員は少ないのが実態です。

そういう元銀行員を経理社員として採用しないほうがいいでしょう。前述したように、自計化するか、会計事務所に有料で依頼するほうがよいのです。

Check!

□銀行は取引先ごとの入出金の状況を見ていない
□銀行員は実際のところ財務に明るいとは言えない

第5章

銀行融資の決め手になる財務管理資料はこうして作る

第4章で資金繰り表作成の重要性を説きましたが、経営の成績や結果というのは、いかに会社に資金が残っているか、つまりキャッシュフローがどのくらいあるかですから、資金繰り表を作成することの意義は十分理解できたと思います。

資金繰り表は、経営の結果をシミュレーションするものです。企業は、ただ泥縄式に行き当たりばったりの経営をしているわけではありません。ある程度の経験則とか計画や予定があって経営しています。その際に必要なものは、その計画なり予定を記した「経営計画」です。いわば経営の設計図ともいうべきものです。図面があって経営するものと、経営者が漠としてイメージしている考えをもとに経営するのとでは、どちらがよりしっかりしたものになるかは明らかでしょう。

そして、銀行からお金を借りる際に、マストで必要なのがこの経営計画と資金繰り表なのです。

50 経営計画・損益計画はタラレバで作る

計画はあくまで予想する未来である

経営計画・損益計画は3～5年で計画するのがよいでしょう。しかし現実は、先が読めないからといって、ほとんどの経営者は作成していないのが実状です。

経営計画・損益計画というのは「タラ」「レバ」です。仮定でいい。自分たちが「なりたい姿」があるはずですから、そこで過去の経営状況を見ながら将来の外部環境がどうなるかを見る。外部環境を変えることは当然できませんが、起こりうるべき将来に対して、右に行くんだったらどう対応する、左に行くんだったらどう対応するという策を、今のうちから、**どんな状況が起きても対応できるような形に整えておくために経営計画・損益計画を作っておく**のです。

銀行から「御社は経営計画を作ってますか？」と聞かれて、「そんなものは作ってませんよ」だったり、「しっかりした経営計画はありませんが、数字だけなら、この先3

年の売上、粗利、経常利益なんかの予想損益計画はあります」というレベル、あるいは「はい、作成しています。事業部門別にどういう戦術を展開してどういう収益を上げていくか、おおよその設計図は作成しています」ということを説明できるなど、中小企業の実態はさまざまですが、確実に言えることは、後者になるにしたがい銀行融資は受けやすくなるということです。

将来は現実でないのだから、何がしかの計画は作成しておくべきなのです。仮に下方にブレてマイナス要因があったらマイナスの修正をしておけばいい。例えば売上10億円で計画していたけれど8億しか行かなかったら、振り返ってその要因を分析して、なぜ2億円もマイナスになったのかという原因を突き止めることができればいいのです。経営に最初から正解はありません。答えがないという前提で経営計画を作るのです。

大企業ではないのですから、第三者がその計画の信憑性についてああだこうだと言ってくることはありません。強いて言えば銀行のチェックはあります。

その銀行にしても、銀行員が重箱の隅をつついていろいろ言ってきますが、計画どおりに行っていなくても、計画と現実との乖離とその原因を分析して報告すればいいだけです。銀行の本音を言えば、「**大幅な赤字に陥らなければいい**」のです。予定はあくまで未定ですから。こうしてタラレバの経営計画を数回作っていくうちに、現実とのブレ幅は次第に狭まっていきます。経営者の経験と感覚がだんだん研ぎ澄まされていくのです。

直近12か月分の損益計画が決め手になる――銀行は数年先を見ていない

経営計画までいかなくても、絶対に作成しておいたほうがいいのは直近12か月の損益計画です。じつは銀行は2～5年先なんて見ていません。2年から先の計画はお飾りみたいなものです。今後の12か月分の損益計画を細分化して、それを12か月分の資金繰り予定表に連動させ、新規に投入した融資でいくらくらいの売上を上げ、どの程度の利益が出てくるかという明確な根拠を開示できるかどうかがポイントなのです。

これを示していくのに、SWOT分析とかPEST分析を使うわけです。今回金融庁が出した「事業性評価」では、「根拠ある経営計画」が必須です。経営計画の根拠は何なのかが問われるのです。

Check!

- □経営計画・損益計画は、タラレバでいいので必ず作成する
- □経営計画には根拠が必要である
- □計画と現実にブレが出たら、その要因を必ず分析しておく

51

根拠ある経営計画は7W3Hで表現する

計画はロジカルに組み立てて検証する

根拠ある経営計画については、私（篠﨑）とSWOT分析の第一人者である嶋田利広氏らとの共著『SWOT分析を活用した「根拠ある経営計画書」事例集』（マネジメント社、2020年）の中で具体例を挙げて解説しているので参考にされるとよいでしょう。

「根拠ある経営計画」を作成するには、7W3Hが必要だと考えています。who（誰が）、whom（誰に対して）、what（何を）、when（いつ）、where（どこで）、why（なぜ）、which～or（どちらかで）、how many（どのくらいの数量）、how mach（どのくらいの価格で）、how to（どのような方法で）。

損益計画を作るとき、「誰が＝自分の会社、A事業部が」「誰に＝B社に」「何を＝新商品を」「いつ＝9月から」「どこで＝B社の本社で」「どのくらいの数量＝100個以上」「どのくらいの価格＝単価5万円」「どのような方法で＝デモンストレーション販売とトップ営業で」というイメージです。

予想売上に対して、原価がいくらかかるか、販促費にいくらかけるのか、そして、いくら利益をもたらすのか。これらを7W3Hで表現します。「どのような方法で」には、マーケティングや投入する人材も明らかにしておきます。さらに、why「本当にこれでいいのか？　なぜそうするのか？」＝「すでに事前説明でいい感触を得ている」、そして最後に選択するものがあったら、which～or「どちらか＝汎用品または特殊品で」というように論理的に構築していきます。

こうして構築されたものであれば「根拠ある経営計画」になっていきます。このようにロジカルに考え検討できる経営者は、作成された経営計画・損益計画に信憑性があるし、資金繰り表もイメージできるし作成することもできるでしょう。こういう会社は仮に経営が厳しい状況になっても、どうにか再生できるものです。

Check！

- □「根拠ある経営計画」はSWOT分析を活用すると作成しやすい
- □「根拠ある経営計画」のストーリーは7W3Hで表現する
- □信憑性ある経営計画を作っている会社は生き残れる

52 直近12か月の損益計画～資金繰りをシミュレーションする

「入金」と「出金」のタイムラグを見る

直近12か月分の損益計画ができれば、直近12か月分の資金繰り表も作成できます。ただし「損益計画＝資金繰り」ではありません。多くの経営者には損益のイメージは思い浮かべることができますが、資金繰りのイメージは湧きにくいものです。

売上と経費の計上は多くの場合季節変動がありますし、売上と経費は一定期間のずれで連動しているものです。私のようなコンサルティング会社だと、例えば3月決算の場合、12月に広告系の販促コンサルティング会社と打ち合わせをして、そこに100万円とか200万円のフェイスブック（FB）広告を出したりします。この経費は1月～2月の支払いです。経費が先に出ていきます。なぜ12月から打ち合わせをしているかというと、キャッシュポイントが一気にピークになるのが1月末だからです。

1月末にお金を払い、たとえ1～2月に売上が下がり始めても、キャッシュがまだ目減りしていないときなので先行投資できます。そして4月から売上が上がっていき、5月から資金回収していく曲線を描けるから、それで取引の合理性を見極めるわけです。

人件費や家賃、水道光熱費など毎月計上する経費はだいたい一定していますから、固定費はそのまま当月または翌月に記載していきます。毎月の経費のうち変動要因と言えば税金と保険くらいです。このほか不定期にくるものは、過去の3年間を見ていけばだいたいわかります。過去のトレンドをおさえていれば、何月にどういう経費が発生する、というのがわかります。ただし、これを12か月分の平均値で各月に計上してはいけません。そこに合理性はありません。過去3年間にその経費が9月頃に計上されているのであれば、将来の資金繰り表にも同じ9月に計上するのです。

資金繰りは別称「錬金術」などと言われますが、別に難しいことではなく、「入金」と「支払」のタイムラグの調整なのです。


Check!

□過去の実績から季節変動を見ていく
□資金繰りとは、「入金」と「支払」のタイムラグの調整である

53 固定費を流動化できるかどうか

フレキシブルな経営が可能になる

令和時代の**経営のキーワードは「省エネ」**です。

事業経営は生き物です。損益計画どおりに行くことのほうが少ない。予想した売上が立たなくても、2割ダウンして計画の8割しか行かなくても、どうにかして「出」の時期を先延ばしして、「入」のスピードを早める工夫をしていくことで、会社はなんとか持ちこたえることができます。

これからどの業種も平均的なことをやっていては売上は下がるだけです。2割ぐらいダウンして赤字になることを想定して、あらかじめ**資金繰り表を3パターンくらい作っておく**のです。売上が増えた場合、そのままの場合、下がった場合とシミュレーションしておけば、どういう状態になるか想定できるし、その対策もまた用意しておくこともできます。

ポイントは固定費の変動費化です。人件費も変動費化できます。これからは**人材を流動化できる会社のほうが足腰が強い**でしょう。

売っている商品の付加価値が高い会社というのは、売上が伸びていくと人は必ずあとからついてきます。自然といい人材が集まります。魅力のない会社は、人件費は固定費のままで変動費にすることができません。こういう会社はだいたい横ばいが続いているし、業績が下がっても社員はそのまま居続けますから固定のままです。人件費＝固定費という固定観念がありますが、今はさまざまな職種の人やサービスを提供する会社がありますから、これらの会社を活用することも検討しておいたほうがよいでしょう。

本書は会計事務所のことを主題にしていますが、高給を支払って有能かどうかわからない経理パーソンを採用するのではなく、会計事務所に経理伝票の仕訳や入力だけでなく、損益計画や資金繰り表の作成も委託できるようにしておくことも必要でしょう。各部署でキーマンとなる人材は自社でしっかり確保しておくにしても、**外注できる職種は外注して変動費化しておくほうがよい**のです。

人材そのものの流動化も考慮していくべきです。例えば東京ならばいい人材を確保できるといいますが、東京は家賃も人件費も高い。

ウィズ・コロナの時代になって、多くの企業はテレワーク、リモートワークを推進しています。私の会社では新人のアシスタントに額面で27万円を支給していますが、九州なら同じ待遇で非常に優秀な人材がたくさん集まります。そういった人材を月1回、リモートなどで教育していけばいいわけです。

事務所についても、地代家賃は固定費だと言われますが、私のようなコンサルティング会社は、オフィスは固定費ですが、この部分を半分ぐらいに縮小することも考えています。セミナールームはそのつど会議室を借りたり、ZOOMを活用しての会議やセミナーも可能な時代になりました。そうすると家賃は半分ですみます。

経営にタブーはありません。本社のオフィスはなく、会議室もなく、必要に応じてレンタルで借り、高級ホテルのティールームを会議室代わりに使い、事務スタッフはリモートで委託し、社員は社長1人、それで数億円を売り上げているコンサルタント会社や物品販売会社もあるのです。

Check！

□固定費が小さいほど経営に自由度が増す
□資金繰り表は3パターンでシミュレーションする
□ウィズ・コロナ時代、新しい経営スタイルが出現している

54 過去の試算表を元に、損益内容を分析する

３年間の実績をグラフ化してみる

経営計画は、経営の三要素、「人」「モノ」「金」でイメージしてみます。売上と仕入は間違いなくモノですが、経費（販売費及び一般管理費）は、モノと人が混ざっています。流通業界（卸売業、小売業）の平均でみれば、販売費及び一般管理費のうち、その半分が人件費、つまり人の部分です。

さて、損益計画を策定するに際して、今まで損益計画を策定したことがなかった場合は、まず過去３～５年の実績を分析してみます。３年なら36か月分、５年ならば60か月分の実績です。これは過去の試算表から見ます。第４章では通帳と主要指標による過去の経営を振り返る方法を説明しましたが、試算表の数字のほうがよりはっきりします。

最初は資金ベースではなく、損益ベースの季節変動要因を見ていくのです。

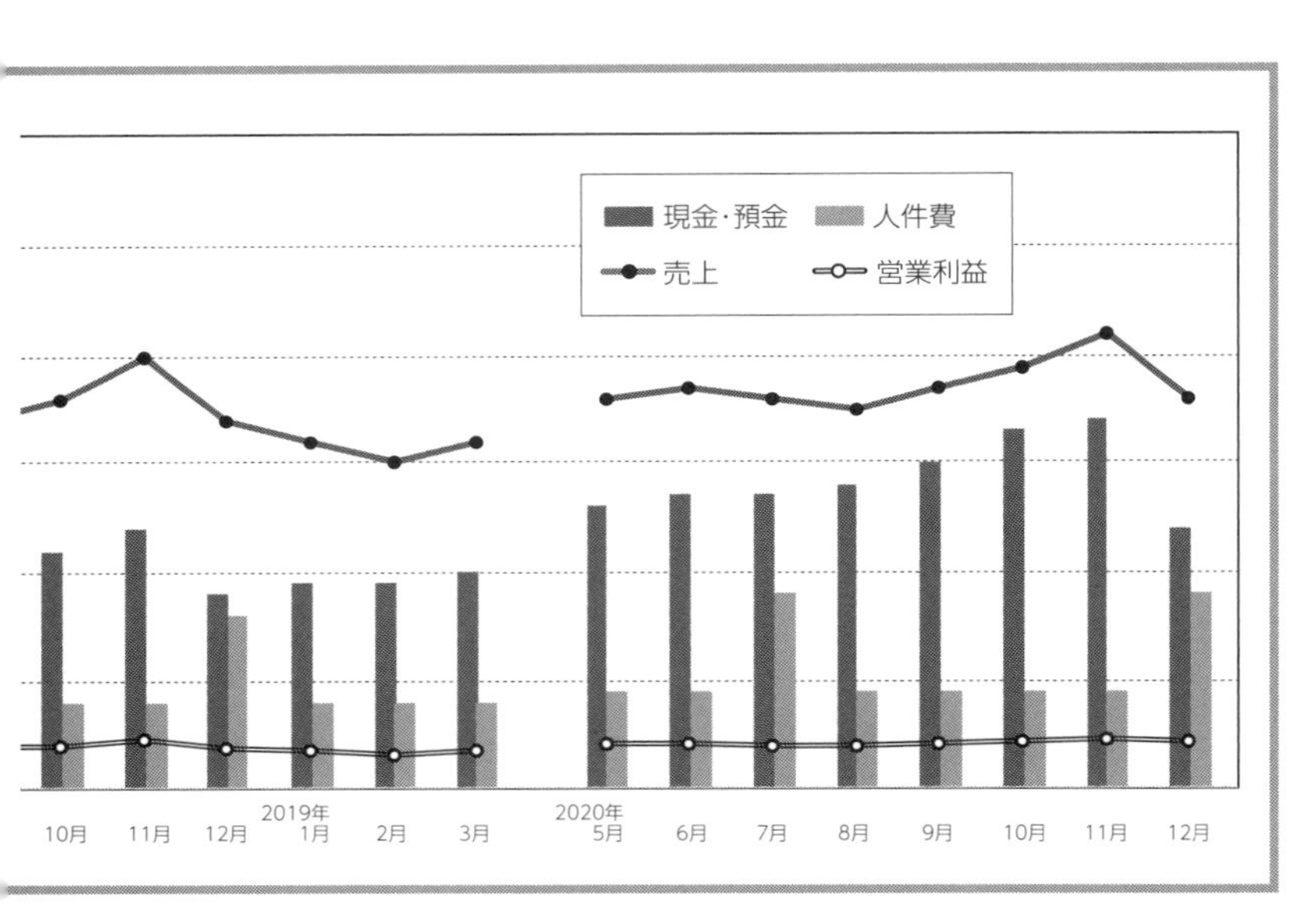

そのデータを棒グラフや円グラフにしていけばいい。主要な指標は「売上高」「営業利益」「現金・預金」です。

その他、経費について主要な勘定科目を3つ、例えば「仕入」とか「人件費」などの勘定科目をピックアップして、その動きを見ます。

これらを比較して、年度で区切って分析します。

外部の要因に何があったか、経済的要因なのか、法的要因なのか、あるいは社内の要因は何かなどを振り返ります。

PEST分析を使えば、原油価格の高騰なのか、為替相場の変動なのか、政権交代による影響なのか、業界の特

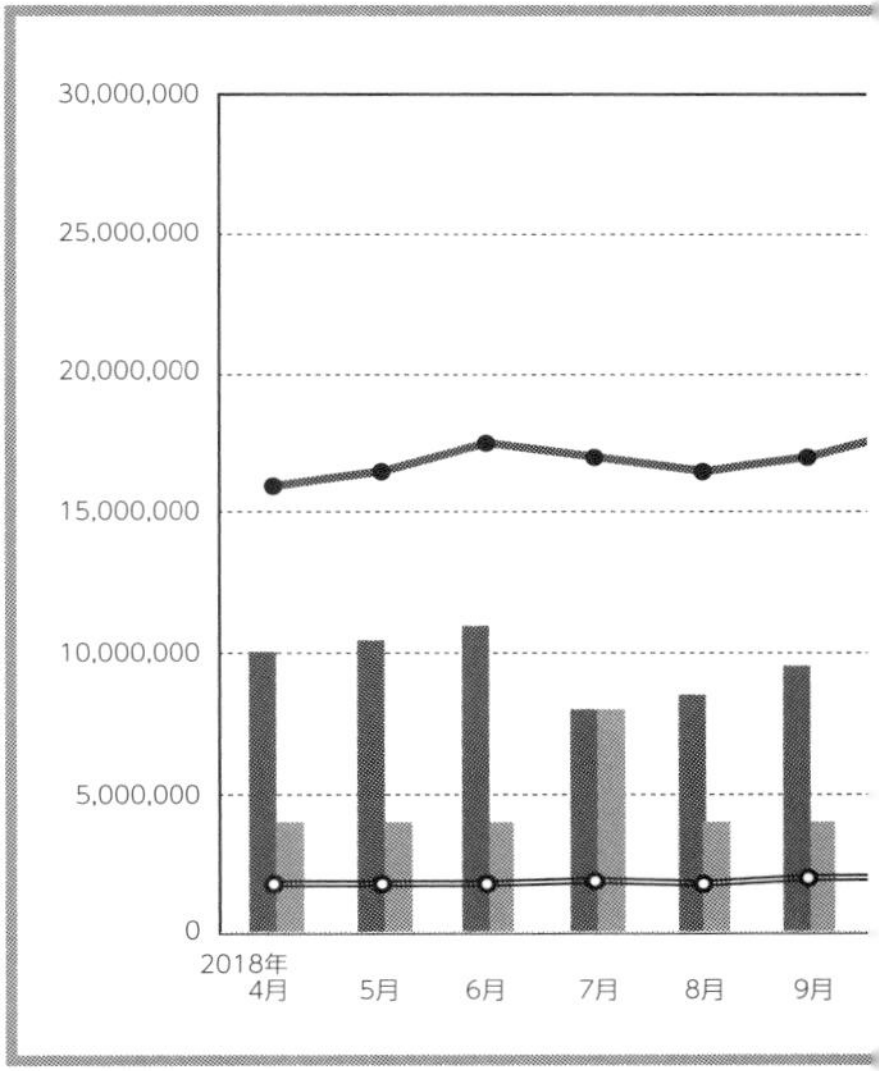

殊事情なのか、といった要因分析ができます。

製造業で言えば、大手の取引先との関係で、元請会社とか親会社がどうなったかを見ればいい。例えば、自動車業界が好調だったとかです。

Check！

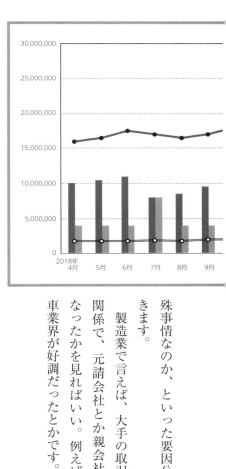

- □過去３～５年の「売上」「営業利益」「現金・預金」の推移を見る
- □「人件費」や「仕入」「販促費」など主要な経費の動きを見る
- □「内部要因」「外部要因」などの経営環境を分析してみる

55 部門別に損益計画と資金繰り表を作成する

細分化すると各部門の収益性がわかる

令和時代の経営は「省エネ」ですから、無理・無駄をいかに省けるか、です。要は選択と集中です。中小企業にはなかなか強みが見出せませんから、省エネでいくしかない。

SWOT分析で強みや弱みの分析をするといいますが、本当は、中小企業には必要ないかもしれません。実際には「弱み」が多いし、外部環境は「脅威」ばかりです。

重要なのは「機会」をどうつかむか、です。年商規模が50億円ぐらいあるけれども、トヨタの一次下請けをやっているようなところは、強みなどというものがありません。トヨタの一次下請け自体は強みではありません。かえって弱みですらあるのです。トヨタから見れば、その会社には下請けとしての価値があるということでしかない。

その会社に**本当に強みがあるのかどうか、これを分析するには、事業部門別の損益計算書を作成してみるとよい**でしょう。

同じ商品を扱っていても、例えば卸売と小売ではその収益構造が違います。卸売は法人対象ですから、主要取引先ごとあるいは商品領域ごとに、例えば人件費などを紐づけて、費用配分を按分しながら、取引先ごとの損益計算はできます。

事業の特性もそうですが、損益から見て部門別の資金繰り表も作れます。どの事業が資金繰りに貢献しているのかいないのか、これを知ることです。

ダウンサイジングして生き残るためには、事業を細分化してみて、どの事業を残し、どの事業を捨てるか、売却するか、峻別していかなくてはなりません。この事業は継続して、あの事業もしばらく残して……と逡巡しているうちに機会を逸してしまいます。実際に収益に貢献している事業だけを残し、あとは自分たちの持っている技術やノウハウ、販売網をラテラルシンキング（水平思考）によって、いかに横展開して別の分野で活用することができるか、いかに差別化を図っていくか、経営分析で出てきたさまざまな特性を見て、そういう発想をしていかなくてはなりません。

Check!

- □中小企業は事業の選択と集中が必須である（できることは限られている）
- □部門別の収益構造がわかると選択と集中が可能になる

56 事業性評価できる損益計画はこうして作る

具体的な根拠のない計画は評価されない

よく、過去3年間の平均値を出して、例えばそのプラス3％を損益計画にしているような計画を見ることがあります。あるいは単純に、前期の3％プラスにする、というものです。

しかし、これには何ら根拠がありません。

「なぜ、3％プラスなんですか？」――銀行員に質問されたら、答えようがありません。経営計画・損益計画はタラレバと述べましたが、**根拠があってのタラレバ**です。

売上3％アップの根拠とは何か――これは先に述べた7W3Hで表現されたものです。第三者が損益計画を見たときに、売上が伸びるだろうということがイメージできるものです。そこにも信憑性があるかどうかの疑問はついてきますが、少なくとも漠とした思いつきでなく、事業を細分化して検討しているということはわかります。

粗利（売上総利益）の管理ができている会社は資金繰り表はすぐに作れます。どういう収益構造かというところに目をつけているからです。**部門別の収益性も把握し、自社の付加価値をきちんと計算して振り返りをしていく**と、経営はすぐに改善していきます。

「この事業は付加価値が高いものだ」ということが数字でわかれば、そしてそれが根拠のあるものであれば、その事業には付加価値があり、粗利率も高い。だからキャッシュもきちんと残っていく。つまり経営の要因分析ができているということです。

粗利率が高いということは、売上が経費をかけている金額よりも大きいからで、こういう場合はキャッシュが残るようになります。仮にレバレッジをきかせようと思えば、お金を借りても同業他社に比べれば、社員数が少なくて、借入金額も少ない中で売上が跳ね上がって増えている――こうしたストーリーを描くことが、金融庁が銀行に求めている融資先の「事業性評価」というものです。例として、次ページ以降にSWOT分析から経営計画・損益計画を作成する手順を示しましたので、参考にしてみてください。

Check!

- □「対前年比○％アップ」には根拠がない
- □「なぜそうなるのか」――数字の根拠を明確にする

■経営計画・損益計画の作成手順

ステップ1

戦略の立案

SWOTクロス分析を活用して、【積極戦略】【撤退縮小戦略】【改善戦略】【差別化戦略】を抽出する。特に、「自社の強み」と「外部環境の機会」を掛け合わせた【積極戦略】をどう抽出するかが重要である。また、この分析によって、採算がとれない事業や店舗などの撤退も視野に入れる。

ステップ2

戦略から具体的な戦術へ

ステップ1で抽出された戦略をさまざまな戦術に落とし込み具体化する。この時点で、銀行などの社外だけでなく、社内でも具体的なイメージができるようにする。各種方針やおおまかな目標数字なども記載する。

ステップ３

損益計画の作成

ステップ２で組み立てられた各種戦術を数値化して、「損益計画」を作成する。既存事業と新規事業に分けて記載するとわかりやすい。人件費や家賃などの一般管理費は共通費としても、仕入や販売費は事業ごとに記載しておく。

ステップ４

具体的なアクションプラン

損益計画の根拠となる具体的な行動を７Ｗ３Ｈで表現できるレベルまで詳細化する。誰が、誰に対して、何を、いつ、どこで、なぜ、どちらかで、どのくらいの数量で、どのくらいの金額で、どのような方法で、ということを具体的表現にしていく。

ステップ５

モニタリング

経営計画・損益計画が予定どおりに実行されているか、半期または四半期ごとにモニタリングする。この場合、重要評価業績指数（ＫＰＩ）を設定しておくと、計画の達成度が数値でわかる。例えば、新規顧客見積書作成件数などである。

■ステップ1　SWOTクロス分析で戦略を立案（イメージ図）

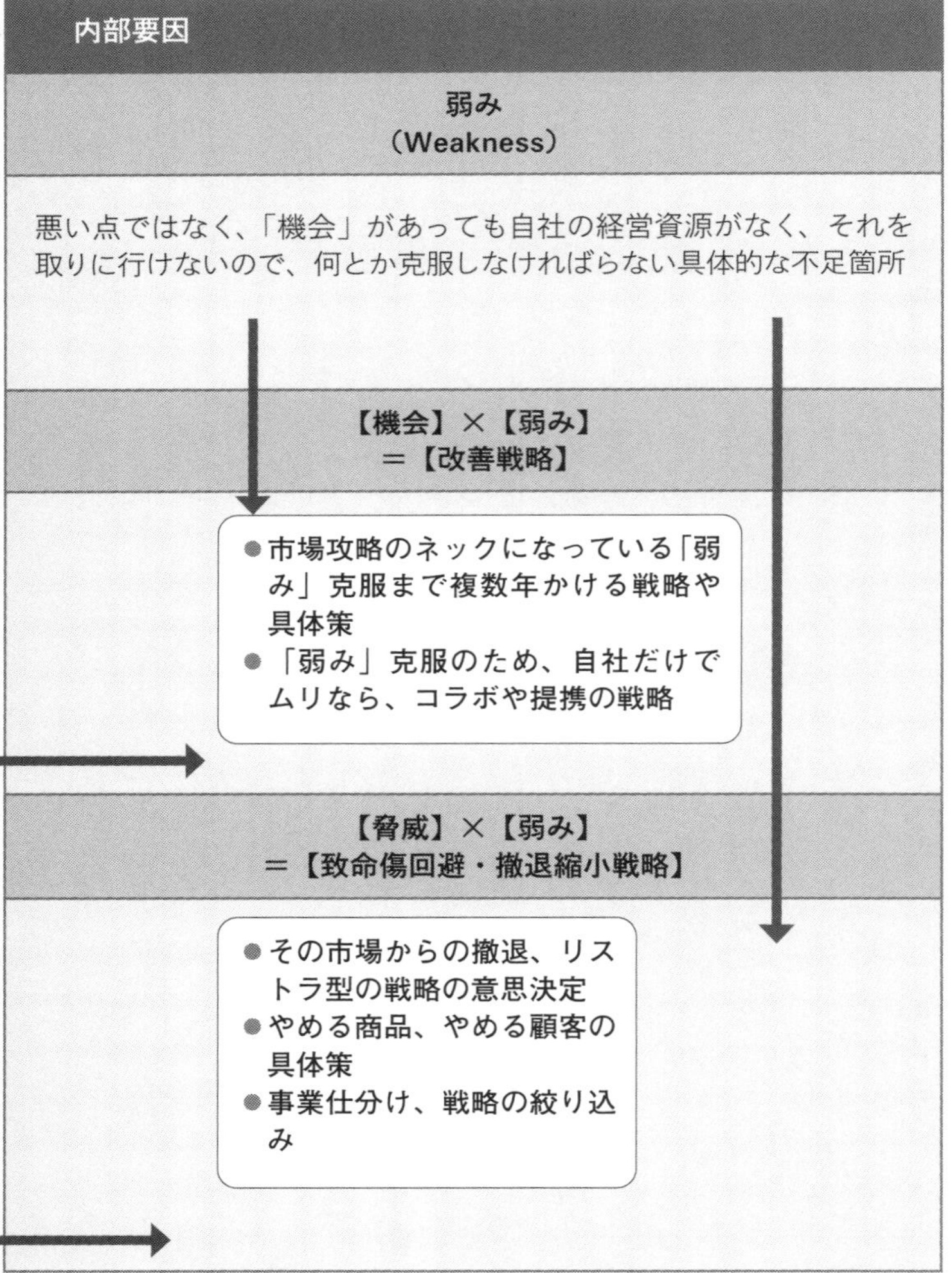

内部要因
弱み
（Weakness）
悪い点ではなく、「機会」があっても自社の経営資源がなく、それを取りに行けないので、何とか克服しなければならない具体的な不足箇所
【機会】×【弱み】
＝【改善戦略】
●市場攻略のネックになっている「弱み」克服まで複数年かける戦略や具体策
●「弱み」克服のため、自社だけでムリなら、コラボや提携の戦略
【脅威】×【弱み】
＝【致命傷回避・撤退縮小戦略】
●その市場からの撤退、リストラ型の戦略の意思決定
●やめる商品、やめる顧客の具体策
●事業仕分け、戦略の絞り込み

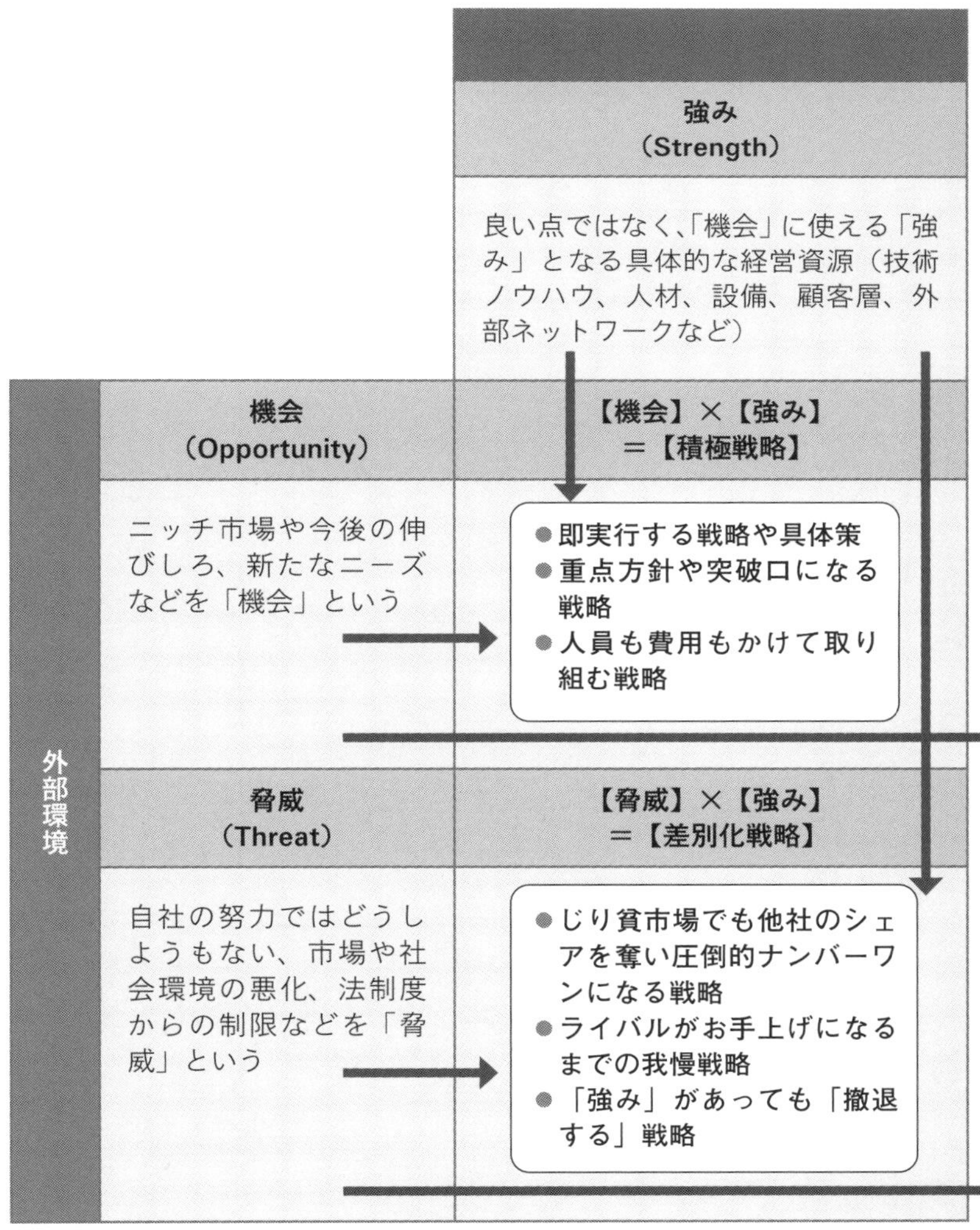

出典：『SWOT 分析を活用した「根拠ある経営計画書」事例集』（マネジメント社）

■ステップ2　戦略➡戦術への落とし込み

①できるだけ具体的な表現で記述する
②戦略と具体策は、1年で結果を出すものと、2年～3年かけて結果を出すものに分ける
③商品、サービス、顧客、コスト、社内体制など、カテゴリー別に戦術を分解する
④売上、利益、コストなどの目標を立てる。「1年後の新規顧客の売上1億円」「営業利益2000万円」など。

短期 or 中期	優先NO	戦略と具体策
1年で結果を出す優先度の高い戦略	1	
	2	
	3	
	4	
	5	
2～3年で結果を出す【改善戦略】	1	
	2	
	3	
	4	
	5	

1～3年　中期ビジョンと目標	
中期戦略目標	
売上に関連する目標	
利益・経費に関する目標	
業務品質の目標	
組織に関する目標	
その他	

←

カテゴリー別実施戦術 「商材」「顧客」「コスト」「組織改革」等		
新商品開発、既存商品強化策	1	
	2	
	3	
	4	
	5	
新規開拓、既存顧客強化策	1	
	2	
	3	
	4	
	5	
コスト改革（原価・固定費他）の具体策	1	
	2	
	3	
	4	
	5	
組織改革・企業体制の方針	1	
	2	
	3	
	4	
	5	

出典：『SWOT分析を活用した「根拠ある経営計画書」事例集』（マネジメント社）

■ステップ3　損益計画の作成（中期計画）

①売上は各部門ごとに記入する。特に新規と既存は分けておく。
②販売費及び一般管理費のうち、広告宣伝費や会議費、接待交際費、旅費交通費等は、新規と既存に分ける。
③人件費や家賃などの固定費も、新規と既存に分けられる部分は分けておく。新規事業のための採用やパート・アルバイトの人件費や、新規店舗の家賃など。
④表の右側には、損益計画の数字の根拠や概況、特記事項などを記載する。各事業などの数値の予想増減なども記入する。

各戦術の概算数値（売上・原価・経費）の根拠など			
各具体的戦術から捻出される売上概況や増減数値等			売上増減
各具体的戦術から捻出される仕入や粗利（売上総利益）に関する概要（既存、新規別に記入する）や増減数値等			仕入・粗利増減
販売費・一般管理費に関する概況と経費増減等			
営業外収入・支出、経常利益に関する総概況			

科目	部門	項目	昨年実績	初年度 予想売上	2年度 予想売上	3年度 予想売上
売上	部門					
	部門					
	部門 （新規）					
	売上合計					
原価	部門					
	部門					
	部門（新規）					
	原価合計					
粗利	部門					
	部門					
	部門（新規）					
	粗利合計					
	平均粗利率					
販売費・一般管理費	役員報酬（法定福利・福利厚生込）					
	人件費（法定福利・福利厚生込）					
	雑給					
	地代家賃					
	旅費交通費					
	広告宣伝費（既存）					
	広告宣伝費（新規）					
	会議費					
	接待交際費					
	減価償却費					
	什器備品費					
	事務消耗品費					
	販売費及び一般管理費合計					
営業利益						
営業外	営業外収益					
	営業外支出					
経常利益						

出典：『SWOT分析を活用した「根拠ある経営計画書」事例集』（マネジメント社）

■ステップ4　重点具体策とアクションプラン

①新規事業など、重点的に取り組む事業については、7W3Hで表現できるように詳細化する。
②計画しているアクションについて、「予定」と「結果」を必ずモニタリングし、その原因などを記述しておく。
③計画よりも遅延した場合は、改善のためのアクションプランを作成する。

	第１四半期中に実施する事項	第２四半期中に実施する事項	第３四半期中に実施する事項	第４四半期中に実施する事項
	○年○月～○年○月	○年○月～○年○月	○年○月～○年○月	○年○月～○年○月
予定				
結果				
予定				
結果				
予定				
結果				
予定				
結果				
予定				
結果				

重点具体策		重点具体策を実行するために必要な準備、行動プロセス、詳細内容（誰が、いつまでに、どのように、というような具体的な行動項目）を記載する。	担当部門・人員	時期
1				
2				
3				
4				
5				

出典：『SWOT分析を活用した「根拠ある経営計画書」事例集』（マネジメント社）

57 銀行が求める資金繰り表を会計事務所がなかなか作成できない理由

財務会計と管理会計は違う

損益計算書（ＰＬ）と貸借対照表（ＢＳ）は、同じ財務会計のカテゴリーです。ところが資金繰り表は管理会計のカテゴリーです。そして、会計事務所は経理数値の仕訳によって損益計算書と貸借対照表を作れますが、間に管理会計というお金の流れのものが入ってくるとわからなくなります。

なぜか？　頭の中が仕訳中心にできているからです。だから「資金繰り表を作れます」と言われても、本当なのか？　って思ってしまいます。

資金繰り表を会計事務所に作らせるのではなく、自社で作れるようになるために、その方法を教えてくれる会計事務所はありません。なぜかというと、会計事務所も自分たちを記帳代行屋だと自認しているからです。

会計事務所は財務会計の見地で数字を入力しています。それで別表を作り税務会計によって納付書を作ります。財務会計の仕訳と税務会計のものは一緒です。

しかし、時代の流れは管理会計を必要としています。**経理というのは「経営を管理する」という意味**でもあるのです。私はそういうふうに捉えています。経営を管理するから経理なのです。

このことがわかっていないから、じつは経営者と会計事務所はしっくりいっていない場合が多いのです。経営者は、当然のように経営を管理する人です。そのための情報を経理資料という形（損益計算書、貸借対照表など）で提供しているのが会計事務所ですが、「資金繰り表」が欠けてしまっています。

銀行融資でマストな資料である資金繰り表の作成、それを期待できないとなると、経営者は会計事務所をリスペクトしなくなるでしょう。

Check！

□会計事務所は財務会計はわかるが、管理会計はわからない
□会計事務所の思考は「仕訳」でできている
□令和の時代には管理会計が求められる

58

銀行、信用保証協会が資金繰り表を要求するのはなぜか

融資した資金が機能しているかを見る

平成3年（1991年）くらいから日本の経済は悪くなってきていますが、その頃はまだバブル経済の余韻が残っていました。実態経済が破綻していても、つなぎ融資でなんとか持ちこたえていました。中小企業も銀行もそれまで売上至上主義で、売上さえ上げていれば、資金が足りなくなったら追加を注入すればいいだろう、売上がある間はいずれ返せるだろう、という前提でやっていました。具体的には運転資金、売上の3か月分までは融資OKというイメージです。

北海道拓殖銀行や日本長期信用銀行が経営破綻した平成10年（1998年）頃から企業の突然死が出始め、保証協会がきちんとした資金繰り表を出すように要求してきています。一度お金を出して、損益計画や資金繰り表も出しているのに、「なぜ資金が回ら

なくなっているのか」となるわけです。過去に提出した資金繰り表をいい加減に作っているからこうなります。その結果、新規融資は貸さないということになります。半年様子を見るとか、次の決算の結果を見てからと、いわゆる貸し渋りが始まります。

経営者から出てきた資金繰り表と1年経過して作ったものとのギャップがあれば、それはウソをついている（損益計画が大きくはずれている）ということです。

通帳を見るだけでもだいたいわかります。月末の残高を月ごとに見ていけばいい。残高がいくらかということはしっかりおさえておくべき数字です。

私は経営者に「保証協会に出さないと審査が進まないので資金繰り表を作ってください」と言いますが、逆に、経営者は私に「作ってくれ」という。その場合は「全部の銀行の通帳を出してくれ」と要求します。すると、粉飾がわかることもあります。複数の銀行があった場合、どこかに借入を化かしておいて、役員借入金を振り替えて粉飾をするなどです。現実の数字はウソをつきません。利益は見解、キャッシュは現実です。

Check!

- □銀行も保証協会も、経営実態を知るために資金繰り表を求める
- □通帳（全取引銀行）の月末残高を見ていけば、おおよその経営状況がわかる

59 返済1年据え置きは、信憑性あるストーリー次第

銀行は返済の据え置きを嫌う

銀行融資もさることながら、会社を存続させるためには、資金繰り表が読めて、作れて、伝えることができないと生き残っていけません。これは経営者の運転免許証のようなものです。令和時代の経営者の必須スキルです。資金繰り表を作れるということは、経営計画の振り返りができるということでもあるのです。

予想のPL、予想のBSの間にブリッジで入っているのが資金繰り表です。計画を立てました、それに従い行動します、最終的にお金にどういうふうに反映されます、というストーリーを語れなければならない。

事業融資の場合、銀行からお金を借りて、売上が上がるまでのリードタイムがあります。そこを短期でいくか長期でいくか、計画を立てます。実際には中小企業は短期融資

は厳しい。定番商品のルーティンのものか、広告宣伝費をかけなくても売上が上がっていっているものであれば、短期スポットで借りられます。

新製品の開発をしているときは、それが吉と出るか凶と出るかはわかりません。場合によっては人件費や広告宣伝費が余剰にかかるかもしれません。そんなことが予想される場合には、返済資金1年据え置きで借りるようにしなければなりません。

銀行は1年据え置きとなると、なかなかOKとは言いません。「運転資金を1年据え置きするのは前例がない」と銀行は言うでしょう。「このお金があれば売上が上がるんだ」といっても、**銀行は過去実績主義**です。過去にたいした実績を残せていない会社が、今回はこれだけ上がると言っても誰も信じません。

しかし、損益計画で最初の1年目では資金回収できないというストーリーを描ければ、返済を止めざるをえない。計画上、投資する新しいビジネスの経常利益が返済原資になっているわけですから、それが1年目でなく2年目からであれば、銀行に対して1年間の据え置きを要求してもいいのです。

お金を借りる段階で交渉すらできないというのは、経営者が真剣にもがいていない、悪あがきをしていない証拠です。その計画に根拠があり、事業性があり、資金繰り表にもそれが反映されているのであれば、いわば計画全体がしっかり「見える」のであれば、銀行もそれを認めざるを得ないでしょう。例えば、損益予定表を3年分（36か月）作ったとして、収益は13か月目でないと出てこないとなったら、「この計画だと最初の1年は収益が上がってこないので、1年の据え置きは、融資の必須条件です」と言うわけです。1年据え置きでないと融資の効果がないとなれば、銀行員は黙って考えます。

損益の計画と資金繰りの計画を連動させる、すなわち財務会計と管理会計を融合させていかないと、融資の際のエビデンスとしての信憑性はありません。

お金を借りて、新しいビジネスを模索しながら投資ができるチャンスをうかがうのが経営です。鉛筆なめなめ電卓弾いて損益計画と資金繰り表ができれば、経営者はもがく（チャレンジする）ことができます。損益計画と資金繰り表は、経営者がもがくための道具であり、会社の未来について経営者が責任を果たしますという宣言です。その宣言ができない人が結果を出せるはずがありません。

Check!

- □銀行は貸倒の心配があるから返済金の据え置きを喜ばない
- □銀行の査定の基本は過去の実績主義である
- □2年目に収益が生まれることを証明できれば、1年据え置きは可能

第6章

金融機関の融資はこうして決まる！

支店長の二大権限

●人事権

●「借入申込書」の決済（概ね4営業日以内に決済。大型案件はこの限りでない）

⇩

支店長の決済後、「貸出申請書」を本部に提出

支店長の決済金額

メガバンク　1億円までは支店長決済

地銀　2000〜5000万円

第二地銀　2000〜3000万円

信用金庫　〜1000万円

※支店長に決済権限がない銀行もある

※保証協会保証がある場合とプロパー融資では決済金額が違ってくる

※金額については各金融機関によって違ってくる

60 「借入申込書」の存在を知らなければ、銀行融資を語る資格がない

作成しないのは金融庁規定違反になる

銀行の融資は、企業から融資申し込みの話があった場合は、必ずそれを上司に報告しなければなりません。具体的には「借入申込書」を作成します。金融庁の規定では、まず借入申込書があり、その次の段階で「貸出申請書」（通称「稟議書」）というものがあります。

借入申込書は支店、貸出申請書は本部の決済（支店長権限は除外）です。借入の決済は支店長の二大権限の1つとされています。借入申込書は金融庁が通達しているもので、必ず作らなければならないものです。その可否権限は支店長が持っています。

例えば100件の申し込みがあった場合、その可否をすべて日付とともに記録してハンコを押しておかないといけません。そうでないと、金融庁にトラブル報告が行った際、

銀行側が抗弁できません。

つまり、**借入の申し込みを受け付けないということは、銀行はできない**。借入申込書、そして保証協会を使うのならば、信用保証委託申込書を信用保証協会に提出します。

銀行はお金を貸すという絶対的な権限を与えられています。だからエンドユーザー（借り主）に対して公正中立でなければならないと決められています。

このことはほとんどの経営者は知りません。また、借入申込書の重要性を語れる銀行員も少ない。融資の相談があった場合は、すべて借入申込書を作って、支店長の決済をもらうというのは、全国すべての銀行、すべての支店に統一的に義務化されていることなのです。

仮に銀行員の判断で、「こんな案件はとても通るものじゃない。借入申込書を作るまでもない」と、この書類を作成していないとなったら、これは重大な規律違反です。

銀行融資の基本条件とは何か

銀行融資のポイントは、第三者にお金を貸すときと同じです。例えば誰かに「お金を貸してほしい」と言われたら、何を質問しますか？

まず借りる理由、なぜ必要なのかということ（借入の必要事由）。いつ借りたいのか

（融資時期）。いくら借りたいのか（融資金額）。何に使うのか（資金使途）。そして、どのようにして返すのか（返済財源）。返せなかったらどうするのか（保金）。

借入申込書にはこうしたことが記載されています。銀行融資は美しいものです。融資という作品を作っていくようなものです。借入申込書はその第一段階での必須の文書です。自称銀行員、元銀行員という人がいて、この存在を語れない人がいたら、その人は詐欺師だと思っていいでしょう。

また、各銀行の店格によって支店長の決済金額が違います。Ａ支店は１０００万円、Ｂ支店は２０００万円まではいいとか、保証協会ならいくらでもいいとか、債務超過だったら保証協会保証付きでも本部申請になるとか、銀行によって細かい規定があります。

仮に借入申込書がＯＫになって、それが支店長権限の枠内ならば本部は事後にＯＫを出します。

Check!

- □銀行は融資案件すべてに「借入申込書」を作成する
- □銀行は借入の申し込みを必ず受け付けなければならない
- □「借入申込書」での融資の可否権限は支店長が持っている

61 「貸出申請書（稟議書）」が通れば、融資はＯＫ

8つのエビデンスがそろっているか

手順としては、「借入申込書」が可となり、保証協会に打診してそれもＯＫとなったら、「貸出申請書」という稟議を作って本部に上げます。これが支店長権限という扱いであればすぐに実行できますが、支店長の権限を越えて本部扱いになると、支店長がＯＫ、保証協会でＯＫとなっても、本部で否決することがあります。

貸出申請書を本部に上げていったときに、融資金額が支店長権限の範囲の案件ならば、そのままＯＫになります。だから担当する銀行員は、「この融資は本部申請がＯＫにならない」とうかつに言ってはいけない。

前項でも述べた融資の基本条件ですが、整理すると次の8つが明確にエビデンスとしてそろっていれば、銀行融資は１００％ＯＫです。**①借入の必要事由**、**②融資時期**、**③融資金額**、**④資金使途**、**⑤返済財源**、**⑥保全**、**⑦融資期間**、**⑧レート**、です。このうち

資金使途、返済財源、保全がしっかりしていれば、8~9割はOKが出ます。

返済財源のもととなるのは企業の業績です。資金の使い道は経営者の性格を表します。赤字でも返す人、約束を履行する人は絶対に返します。

銀行は、経営者の資産背景や家族構成などを把握しようとします。万一の場合、経営者個人からどう保全してもらうかを企図しているからです。また、支店長はロータリークラブなどに入っていて、地域の名士らと親交したりしますが、じつは交流する中で個人の情報を集めているのです。Aさんは仕事もするが酒も女も好きだとか、週末はよく競馬場に行ったりしているとか、そういうクセはお金の使い方に表れるものです。つまり、**お金を返してくれる経営者なのかそうでないかを見ている**のです。

資金使途を聞かれて、それがわからない経営者はお金を使う資格はありません。「借りたお金、何に使うの?」と聞かれて答えられない、使途、財源、保全を説明できない経営者にはお金を貸しても返ってきません。

Check!

□支店でOK、保証協会もOKでも、本部で否決される場合もある
□経営者は資金使途と返済財源について説明できなくてはならない

62 短期借入のほうが資金管理しやすい

長期資金は設備に、短期資金は経費に

本来銀行の貸付は長期（設備資金）と短期（経費）に分けていて、そのほうが融資先を管理しやすいものです。長期だけで貸していると銀行は楽だから融資先企業の面倒を見なくなります。関与して審査するのは貸し付けるときだけです。また、**本来なら短期の運転資金でも、実際には長期で貸し付けているケースが多い**ようです。

短期だけで貸していると定期訪問したり、融資先企業とコミュニケーションをとったり、必要な書類を出してもらったりします。こうした活動は〝目利きの涵養〟といって、銀行の事業性評価に結び付くのです。

中小企業の融資のキモは、「売掛金」「在庫」「買掛金」です。例えば、月商5000万円で年商6億円の企業。売掛金が1億円、在庫が5000万円、買掛金が6000万円とすると、9000万円が経常運転資金です。つまり常に必要な資金です。

■経常運転資金の借入

●経常運転資金（年商6億円の場合）

売掛金　在庫　買掛金

1億円＋5,000万円－6,000万円＝**9,000万円**

●経常運転資金のみ長期借入

毎月返済額　9,000万円÷60回＝**150万円**

ほとんどの中小企業は経常運転資金だけでなく、じつは1億5000万円の運転資金すべてを長期で借入していることが多いのです。この場合、毎月の元金の返済額は250万円（60か月）、年に3000万円にもなります。経常運転資金だけを長期で借入したのであれば、毎月の返済額は150万円です。

事業のサイクルはほぼ1年以内で回っています。売掛金の回収、在庫の回転、買掛金の支払をきちんとしていけば、長期でなく、短期継続融資という形が可能になります。収益（粗利）を管理しようと思ったら、1年の短期融資にして、年1回、銀行と交渉しながら継続して短期融資を回したほうがお金は使いやすいし管理しやすいのです。

Check!

□中小企業の融資のキモは、「売掛金」「在庫」「買掛金」

□経常運転資金＝売掛金＋在庫－買掛金

63 長期借入の一部を短期にしてみる

短期継続にすれば月々の返済は軽くなる

ここで運転資金1億5000万円のうち経常運転資金の9000万円を短期にすると、この部分だけ月々の元金返済はゼロになります。残りの6000万円を5年の長期で返済するとなったら60回で割れば月100万円です。すると、従来月々250万円で返済しているものが100万円に減るわけですから、月々の返済負担が軽くなります。

これが「短期継続融資」と呼ばれるものです。もちろん、短期も長期も借入金に対する金利負担はありますが、**元金返済については、短期をからませたほうが資金繰りは楽なのです。**

短期継続融資が可能なのは、売掛、買掛などの取引条件が明確であることです。単に売上金額だけでなく、売上の内容、例えば販売先（売掛先）もチェックし、回収条件も見ます。取りっぱぐれがないことを確認するわけです。

■経常運転資金を短期借入にする

●従来の借入

・運転資金全額を長期借入(1億5,000万円)

・毎月返済額　**250万円**

●経常運転資金のみを短期借入にした場合

・運転資金長期借入分（6,000万円）の毎月返済額　**100万円**

・経常運転資金短期借入(9,000万円）の毎月返済額　**0万円**

一方、仕入先への支払条件も把握します。こうして、ここの回収条件と支払条件でチェックしていくわけです。

支払条件は自社の支払方法だからいいとして、要は売掛先の中身です。

銀行がこうしたことまで踏み込んでコンサル的発想で見ているかどうか。これは別にたいしたことではなく、これらのチェックは財務管理をする上での前提条件なのです。金融庁が事業性評価をさかんに言っているのは、こういうことなのです。

Check!

□短期継続融資を組み込めば、資金繰りは楽になる

□売掛、買掛などの取引条件が明確であれば、短期継続融資が可能

64 短期継続融資で回していくと経営は改善する

銀行が短期への切り替えを拒む理由

しっかりした下準備をしないで、長期を短期に切り替えたいと申し入れても、銀行はあまりいい顔をしません。

「うちは短期継続融資はやっていません」と平気で言います。当座貸越の当座の枠でやってくれと言っても、「うちは当座貸越はやっていません」と言います。

銀行がこういう態度であれば、事業性や収益性の根拠を見せながら、「短期継続融資でやってくれよ」という話をするしかありません。

銀行が短期融資を嫌がるのは、基本的に面倒だからです。銀行としては長期に借りてもらい、その間金利を払ってくれるほうがいい。それでも長期の一部を短期にしてもらうためには、前述のように「根拠ある経営計画」を出して、短期が必要であることを説明するしかありません。

「担保がないプロパー融資は格付けを下げる」(金融庁)

今まで銀行は、経営の勉強をせず、財務もわからず、保全・実績主義でお金を貸しまくっていたことは否定できないでしょう。ところが、平成14年11月、金融庁からの通達で、「今まで赤字企業に短期で運転資金を貸していたものの中で担保がとれていない場合は信用貸しになる。担保でカバーできていないところについては、その企業は格付けの評価を2ランク下げて破綻懸念先にする」としたので銀行は驚きました。

なぜ金融庁がこういうことを言うのか。事業承継が進まないからです。企業が借金太りしてしまっているのです。それに手を貸しているのが銀行だったのです。

短期で回していくときに必要なのは、売掛金、在庫、買掛金が資金としてどう動いているか、それを見るのが資金繰り表なのです。

ビジネスのイロハである売上、粗利、在庫、回収条件、支払条件をきちんと管理することです。これを社内でしっかりできる中小企業は少ない。だから会計事務所なのです。

会計事務所が代行して資金管理を行い、経営計画・損益計画、資金繰り表を作成してくれれば、長期融資を長短融資にできるし、資金繰りも楽になります。これからの会計事務所は、売掛金や在庫などの管理や銀行からの借入のことなどがきちんと理解できていないと、時代の潮流の変化で生き残っていけなくなるでしょう。

全額長期借入は実質的に赤字補填の場合が多い

設備資金はその効果が長期にわたるので、当然長期資金として融資されます。運転資金は基本、短期で回していくものです。

運転資金を借りるときは、売上が主な返済原資になります。それを仮に長期で借りて使ってもいいのですが、多くの場合、それは実質的に赤字補填が多いのです。運転資金を長期で借りるということは、どこかで不都合があって、短期では修復できない状況になっているからです。

収益サイクルを健全なものにしようと思ったら短期借入です。ある一定のサイクルで短期で回していくほうがいい。借りて返してと、頻繁に運転資金の実行と返済を繰り返していけば、短期資金の融資は増えていきます。そして、長期と短期、両方で借りていると、まず長期は自然に減っていきます。だから経営が健全化していくのです。

Check!

- □短期融資の実行と返済を繰り返していけば、短期の融資は増えていく
- □短期融資を組み込むと、長期融資は自然に減っていく（経営が健全化する）

■長期借入の一部を短期借入にする

（単位：円）

	1 年目	2 年目	3 年目
流動負債			
短期借入金			
固定負債			
長期借入金	150,000,000	150,000,000	150,000,000
負債合計	150,000,000	150,000,000	150,000,000
（年間返済額）	30,000,000	30,000,000	30,000,000

（3 年間の返済額合計）
90,000,000

	1 年目	2 年目	3 年目
流動負債			
短期借入金	30,000,000	50,000,000	70,000,000
固定負債			
長期借入金	120,000,000	100,000,000	80,000,000
負債合計	150,000,000	150,000,000	150,000,000
（年間返済額）	24,000,000	20,000,000	16,000,000

（3 年間の返済額合計）
60,000,000

65 長期資金のみの企業は返済原資が足りなくなる

長期間安定して利益を生み出すのは困難

設備資金だと長期資金になりますが、設備投資効果を頭に入れて、例えば設備資金の最大のポイントである買い替え需要なのか新規需要なのかを見ます。新規需要であれば増産体制に入って売上と利益が上がるイメージがありますが、買い替え需要の場合は売上と利益は横ばいの場合が多いものです。

そんなことを頭に入れ、例えば設備資金を借りたとき、投資効果がどうなるかというところまで見ます。将来的に新規の収益が上がるイメージがないのになんとなく新規に設備投資するのはナンセンスです。ところが、そういうところをチェックすべき銀行はそれを見ていませんし、会計事務所もそこまでのアドバイスはしてくれない。

ほとんどの企業は返済財源が不足しています。例えば、年商6億円で、1億5000万円の長期資金を借りていた場合、キャッシュフローは年間最低3000万円ないと返すことができません。その資金には、じつは設備資金も内包されている場合も少なくありません。

この会社の減価償却は1000万円だとして、経常利益が3000万円あるとします。ここから法人税1000万円を引きます。これでキャッシュフローは3000万円です。返さなければいけないお金が3000万円。ギリギリです。ちょっとでも下振れしたら返せません。

この会社の経常利益率は5%です。数字だけ見れば儲かっているのだけれども、5年間、この数字を上回っていなければならないのです。これは相当に厳しいことと言えるでしょう。

■返済原資の捻出

売上高	6億円
借入総額	1億5,000万円
平均借入期間	5年
経常利益	3,000万円
(減価償却費)	1,000万円
法人税	−1,000万円
返済原資	**3,000万円**

Check!

□買い替え需要の設備資金は経営状態が横ばい

□多くの中小企業は、利益−税金+減価償却≒返済財源でギリギリの経営

66 返済原資不足の場合、銀行は何をチェックするか

経営者の個人資産を銀行は必ず把握する

前述のように計画の数字よりも実績に下振れがあり、返済原資が不足することはよくあることです。そのとき、銀行は何を見るか――。

経費、それと社長の役員報酬です。社長の資産背景も確認してきます。役員の資産は役員報酬から派生して構築されています。仮に返済財源不足が６００万円あった場合に、社長の個人資産が２０００万円あれば、それを保全として問題は解消できます。

銀行は融資の際、そこまで組み立てていって、**法人のお金の流れと個人のお金の流れを合算する**のです。返済原資不足になった場合の保全まで含めて稟議を上げていれば、整合性がありますから、お金を借りることができます。

会計事務所はよく社長個人の確定申告の一部も手伝っています。いわば社長の個人金融資産を知っているわけです。会社が銀行からお金を借りるときに、「個人資産がある

ことは有利ですよ」といったことを助言してあげればよいのにと思います。そうしていないのは、銀行が融資に際して、会社や社長個人の資産をどう見ているかを知らないからでしょう。

保全(担保)不足も同じです。**最終的に銀行が見るのは、返済財源不足のときに役員報酬と役員の資産背景がどうなっているか**です。返済財源不足や保全不足のカバーが十分でなければ、融資が通らないということはあります。だからこそ、会計事務所が数字の管理をしているのであれば、その存在を教えてあげるべきです。

中小企業はほとんどがオーナー企業ですから、所有と経営が同じです。返済財源不足は個人の資産背景の改善がいちばん早いでしょう。また、運転資金を見直す際には、役員報酬など経費の削減など自助努力が必要です。経費を削減して、そもそものキャッシュフローの改善を図ることが先決です。こうした努力もせず、保全に個人資産の提供を拒んで融資を受けられないようなら、その経営者は事業をやめたほうがいいでしょう。

Check!

□銀行は会社のお金と経営者個人のお金、必ず両方を見る
□経営者個人の資産があるほうが融資には有利(銀行は保全として見る)

67 個人資産を築いた経営者は評価される

個人資産は担保にするわけではない

返済ができなくなったら、連帯保証人である経営者が返済することになります。それを怖れてか、個人の資産背景は誰も開示したがりません。実際になぜ開示したがらないのか聞いてみると、「銀行に開示したらケツの毛まで抜かれてしまう」と真顔で言います。

そんなとき、私は〝銀行員の気持ち〟を教えるようにしています。「銀行員がなぜ教えてくれなかったんですか？　教えてくれていれば融資できたのに！　と思っていたらどうですか？」と。

すると「いざとなったら全部取られてしまうから」と言います。

そこで私は「では、例えば、○○証券の純金積み立てで300万円やっているとか、□□運輸や△△銀行の株券、現在の株価で換金したら300～400万円あるといったところで、差し押さえできると思いますか？　質権という担保を設定しない限りできないでしょう。質権設定を求められても拒否すればいいんです」とアドバイスします。
「逆にあなたが30年間社長をやってきて、役員報酬を平均１０００万円もらっていました。総計３億円の役員報酬をもらっていて、例えば、1年間で貯金２００万円できたら、30年で６０００万円くらいあるんじゃないですか？　って思っているんですよ。そのお金がメインバンクになければ、『この会社、何に使っているんだ？』って思われますよ」というふうに説明します。そして、「この社長はコツコツやってきて６０００万円以上持っていたってことになったら、銀行はどう評価すると思いますか？」と続けます。

すると多くの経営者は納得し、個人資産を開示してくれます。そして、その資産内容が保全に足ることを知れば、銀行は安心します。「会社は山あり谷ありだけど、ちゃんと資産を作っている。立派ですね」となります。そういう人が連帯保証人ならばお金を貸します。それが信用というものです。

Check！

- □銀行には経営者の資産内容を明らかにしたほうがよい
- □質権設定しない限り、個人資産を担保にされることはない
- □個人資産があるほうが融資には有利である

68 金融機関は決算書で会社を査定する

ポイントは貸付金を返せるかどうか

金融機関からの借入――多くの企業において、避けては通れないものです。

ところで、あなたは、取引銀行の頭取や融資部長と知り合いではないと思います。支店長とも面識のない経営者はたくさんいます。そういう人が融資の決定をするわけです。つまり、面識もなく人的信頼関係もない他人にお金を貸すわけですから、当然、融資に足る会社かどうかの判断に慎重になります。そこで、「お金をキチンと返済してくれるか?」「会社を清算されても貸付金は戻ってくるか?」をまずは決算書で判断します。

金融機関が決算書で重視する点は、会社がどれだけ稼いでいるか（経営成績）を示す損益計算書よりも、「貸したお金がキチンと帰ってくるかどうか」という点、今会社を清算した場合、どれだけ資産余剰があるかを示す貸借対照表のほうを重視します。

ところが、税理士は適正な納税のために決算書を作成するので、貸借対照表よりも損

益計算書を重視する傾向にあり、極論すれば脱税にならないのであれば、企業の財政状態を適切に示さない決算書を作成することもあります。

私がこれまでに見た決算書で、税金の計算に関係しない貸借対照表において、こんな決算書がありました。

- 決算書に計上された現金が実際よりもはるかに多い
- 内容が不明で、実態よりも多額の棚卸資産が計上されている
- 社長の身に覚えがない社長貸付金が多額に計上されている
- 保険内容を適切に把握せず、本来存在しない保険積立金が計上されている
- 金融機関からの借入金と役員からの借入金が長期借入金にまとめて計上されている

税務署に対してはこれでよいかもしれませんが、決算書は税務署のみならず金融機関にも提出します。前述したように、**金融機関からの融資は、事業継続・発展のために避けては通れないので、この点にも注意を払って決算書を作成する**必要があります。

Check！

□銀行は企業が貸付金を返せるかどうかを重視する
□決算書は、銀行融資のことも意識して作成する

69 銀行はこうして融資先を格付けする

融資条件は格付けによって違ってくる

融資の際に、銀行はその企業を格付けしています。ただ、銀行の格付けというのは、何も特殊なことをやっているわけではありません。中小企業の会計要領のようなものです。その**基本は、純資産がどれだけあるか**ということです。資産と負債があった場合、負債というのは100％時価評価です。資産は時価と簿価が混在しています。だから**銀行は、簿価のものを70％くらいの時価に評価額を引き直して修正**します。

まず、売掛金は全額回収できるものかどうか、在庫の評価で粉飾しているのではないか（不良在庫があるのではないか）、不動産でいえば含み損益がある、株などの有価証券株にも含み損益がある、保険に関しては評価の仕方がわからないので簿価で見ます。

貸借対照表で、資産の合計が1000万円、負債が800万円、その差額の純資産が200万円だとします。しかし、これを時価評価で見ていくと、マイナス300万円だろうとすると、純資産はマイナス１００万円になります。
減価償却もここで評価し直します。損益計算書の中に減価償却がなかったら、「粉飾かもしれない」と思うわけです。減価償却していない場合でも、純資産が１００万円残っていても、減価償却が70万円になるのであれば、純資産は30万円とします。

■資産の評価

（単位：千円）

資産の部		負債の部	
流動資産	25,000	流動負債	20,000
現金・預金	5,000		
売掛金	5,000		
棚卸資産	10,000	固定負債	10,000
未収入金	5,000		
		負債合計	30,000
固定資産	20,000	純資産の部	
有形固定資産	10,000	資本金	10,000
無形固定資産	10,000	利益剰余金	5,000
		純資産合計	15,000
資産合計	45,000	負債・純資産合計	45,000

実質の純資産で見るというのが原理原則なのです。そのときの細かい見方は別に難しくはないのですが、会計事務所は興味すらないのか、こういう点については甘すぎるぐらい無頓着です。それは一面、企業経営は銀行融資を必要とし、銀行が何を企業に求めているかを知らないからなのです。

融資企業の格付けは点数で表現します。正常先は例えば６格までとして、**要注意、要管理、破綻懸念、実質破綻、破綻先とそれぞれ点数がついて、全部で10～12ランク**に分かれます。お金を貸すのは通常６格まで、メガバンクは10まで正常先とします。

債務者区分は、だいたい６つに分かれています。

「正常先」「要注意先」「要管理先」「破綻懸念先」「実質破綻先」「破綻先」です。格付けと債務者区分は直結していて、例えば格付けが1～6は正常先、7＝要注意先、8＝要管理先、9＝破綻懸念先、10＝実質破綻先、11～12＝破綻先というふうになっています。

この格付けで、財務コンサルタントが「4格で優秀だから金利を下げろ」とか、「無担保融資にしないと、他行に乗り換えますよ」と言ったりすると、銀行は「銀行の商売に口を出すな！」と怒ります。

財務コンサルタントはこのことを知っていますし、ウェブ上にもこういう情報はたくさん出ています。金利や借入期間を決めるなどは、銀行にとってみれば自分たちの裁量でやっていることです。しかし、「格付けによって融資条件が違ってくる」ということは知っておいたほうがいいでしょう。担保が要らなくなったり、金利が安くなったりするのですから、交渉しない手はありません。

Check！

□銀行は資産の実態を査定する
□格付けによって金利や担保の条件が違ってくる

第7章 コンサルテーション機能がある会計事務所を財務顧問にすべし

試算表（損益計算書、貸借対照表）は融資の際の必須アイテムです。融資の必要がなくても、経営を振り返る際には試算表を見なくてはなりません。

その試算表は、会計事務所に依頼すれば作ってくれます。しかし、顧問契約の内容に応じてですから、「年一決算」の場合は試算表は別料金になり、なかなか作ってくれないでしょう。しかし、実際問題として、年一決算でやりたがる中小企業経営者は多いのも事実です。

産業ロボットの登場で多くの工場労働者が必要なくなりました。さらにITやAIが進展していくと、いわゆるホワイトカラーにとって代わる仕事をこなしていくでしょう。企業も人も進化していかなければ生き残っていくことができません。その際に、会計事務所が財務面でコンサルテーション機能を担ってくれれば、企業にとっては大きな味方になります。逆に言えば、旧態依然で進化しない会計事務所は代行業者としての存在意義しか見出せないでしょう。

70 決算書を作成するだけで、新しい情報の提供がない会計事務所は不要になる

経営者は常に有益な情報を求めている

会計事務所・税理士は言うまでもなく税の専門家です。同時に、日々の会計処理を通じて顧問先企業の状況をよく知っていますし、何より現在の経済状況において、さまざまな企業がどのような行動をとっているか？　どんな融資制度があるか？　中小企業への助成金はどういうものがあるか？　その立場上よく知っています。これらの情報を活用しない手はありません。

しかし、多くの会計事務所・税理士がそういった知識や経験を持っているにもかかわらず、会社側からアクションを起こさなければ情報提供をしてくれないのです。その理由はさまざま考えられますが、多くの場合は、安価な顧問料にあります。

もともとの顧問契約が、記帳代行、もしくは税務申告代理についてなので、情報提供

を行っても手間が増えるだけで、収入の増加にならないため、積極的に情報提供をしてくれません。それが**会社にとって本当に有益なことであれば、経営者は顧問料の増額にOKを出す**はずです。それぐらい会計事務所の知識と経験は有益なのです。

逆に、「税務申告しか行いません！」という会計事務所であれば、最終的には価格競争になるので、複数の会計事務所から顧問報酬の見積をとって、どの会計事務所に顧問になってもらうか決定すべきです。

私が相談を受けた会社でよく言われるのが、「会計事務所はいろいろとアドバイスをしてくれるが、自分が欲しているアドバイスとは異なる」ということです。会社経営は、業種の特殊性、規模の大小など個々に異なりますが、会社の課題、問題点は多くの部分で共通しています。

言うまでもなく、会計事務所は多くの顧問先を持っているので、それまでの経験から課題解決の方法や知識を有しているのですが、経営者の欲する情報提供ができていない場合が多いのです。

それはなぜか？　会計事務所が会社の状況を正確に把握していないことが原因です。

例えば、創業間もない経営者が資金繰りについて不安がある場合、資金繰りに関して会計事務所に相談しても、「それは金融機関に相談すればよいのではないですか？　決算書が赤字だと借入が実行されにくいので、黒字決算にしておきますね」と返答する場合がほとんどで、「知り合いの金融機関担当者を紹介させて頂きますよ」とまで言ってくれれば上出来です。

ただし、経営者はそれらのアドバイスに加えて「そもそも弊社はなぜ資金繰りに窮しているのか？　原因はどこにあるのか？　このビジネスモデルでやって行く以上、常にこの問題が付きまとうのか？」などの点についての根本的なアドバイスを求めたいのです。

要は、**会社が何を欲しているか？　どんな情報が会社の成長、継続に必要か？　会計事務所がこれらのことに注視していない**ということです。本来であれば、それを検知して適宜情報提供を行うのが会計事務所のあるべき姿なのですが、そのような会計事務所が現実には少ないのが残念です。

Check!

- □会計事務所は経営者にとって有益な情報を知っている
- □会計事務所は中小企業の課題解決の方法を知っている
- □会社の状況をよく知っていれば、会計事務所は適切な情報提供ができる

71

企業も会計事務所も峻別されていく

進化しなければＡＩに取って代わられる

会計事務所の主たる業務は、仕訳作業を中心にして、納税のための申告書を作成します。年一決算の場合はこれだけですが、それに加えて、月々あるいは四半期ごとの試算表を作成するというのがほとんどでしょう。

しかし、会計事務所がこのような仕事を中心にしている限り、明日はないと断言できます。仕訳をし、納税申告書の作成支援をしながら**経営の相談ができるためには、業務内容の中心を会計ではなく、経理＝経営管理に切り替え**なければなりません。そのときには試算表は当然として、資金繰り表の作成支援をする必要があるし、経営管理を担っていく中で、経営計画を策定することも視野に入れるべきでしょう。

要は、これからの会計事務所は、単に仕訳して、会計ソフトに入力して、税務申告書を作成するだけでは、早晩ＡＩに取って代わられていくのです。

これからは企業の数が減っていきます。会計事務所も売上が2割ほど減るでしょう。コロナの影響で売上が下がったら、企業は会計事務所の顧問料にメスを入れていくでしょうから、個人事業主ぐらいの零細企業は「これからは自分でやります」と言ってくるかもしれません。会計事務所を使わなければならないという法律はないのですから。

逆に、会計事務所が顧問先を選ぶ時代が来るかもしれません。なかなか言うことを聞かない、料金据え置きのままで要求する業務が多くなる、値上げの要望を無視する顧問先とは縁を切ってもいいと考えるのです。

要求される業務の煩雑さに比べて顧問料が低額であれば、収益率の低い顧客になりますから、**収益率を上げるためには顧問料の値上げを要望するのは当然のこと**です。

今はすべてのことが複雑多岐にわたっている時代です。経営者が1人で何でもできる時代ではありません。会計事務所が経営や助成金などについてのアドバイスをできなければ、存在理由が希薄になっていくでしょう。

Check!

□会計事務所を使わなければならないという法律はない
□安い顧問料しか払わない企業は会計事務所から切られていく

72 税務署サイドの意見に同調する会計事務所は、存在する意味がない

顧問先ファーストの主張をしているか

企業が顧問会計事務所・顧問税理士に期待する大きな役割の1つは、税務調査時の税務署対応でしょう。税理士からすれば、日々の顧問先への会計指導の適正性が問われるとともに、自らの存在感を存分に顧問先に示すことができるイベントとも言えます。

税務調査とは、税務署、国税庁職員が企業に訪問し、原始証憑、帳簿をチェックし、税務申告に間違いがないかを確認する調査のことです。日数として通常2日ほどが予定され、原則として過去3年分の経理データを確認します。その結果、不適切な処理が行われている場合、さらに過年度にさかのぼって確認され、申告漏れがあれば、追徴課税などの処分がなされることになります。もちろん、適切な経理処理をしていれば何も指摘されません（これを「是認」という）。

新聞などで、税務調査を受けた企業が「国税当局と見解の相違があったが、当局の指導にしたがって修正申告を行った」という記事を見ることがあります。この税務調査の際に、申告処理について税務署と見解の相違を埋めるのが税理士の仕事ですが、顧問先の立場に立って交渉すべきところ、税務署の意見に同調することも少なくありません。

例えば、何らかの経費の支出が事業のためではなく、経営者の私的なものと認定（損金否認）された場合、その事後処理として税務署は「その支出を役員賞与で処理しますね」と言ってくることがあります。役員賞与で処理されると、もともとの経費の損金算入が否認されるだけでなく、役員に対する源泉所得税も課税することができます。

一方、この指摘があった場合に「この支出については、社長に返金させますので、社長貸付金での処理でお願いします」と税理士が主張し、これが認められれば、役員に対する源泉所得税の課税は発生しません。この一言を調査官に伝えれば回避できる税金もあるのですが、あなたの会社の税理士は、適切に主張してくれているでしょうか？

Check！

□税務署との見解が違えば、税理士は会社側に立って主張すべきである
□税務署の言いなりの仕訳処理をすれば、税金にも影響していく

73 無借金経営を勧める会計事務所は、企業経営というものを理解していない

資金を借りない会社は絶対に成長しない

会計事務所の中には無借金経営を勧める人もいます。

しかし、企業というのは常に投資して事業を行っているものです。そのためには借金は不可欠です。

利益を少しずつ預金して、自己資金のキャッシュフローが十分になったら新規事業を始めようとするのは、それは堅実なことかもしれません。しかし、十分な自己資金を準備するまでにビジネスチャンスを逃してしまうでしょう。

企業というのは、常に銀行から融資を受けて事業に着手し、予想収益はその利息までを計算に入れて、最終的に経常利益まで落とし込んでいきます。

今回のコロナ関係の融資では、本当に厳しい経営を余儀なくされている企業もありま

すが、そうでない企業もたくさんあります。これらの企業では、ダブついていてもお金を借り、機を見て新たな戦略に着手し、一気に浮揚していくための大きなチャンスです。資金を借りられれば、新しい設備投資もできるでしょうし、人材への投資もでき、広告宣伝費もかけられるでしょう。売上を大きく上げる投資のチャンスです。もちろん、その事業の収益性の分析は必要です。

会社が大きく伸びるにはそれなりの資金が必要ですから、コロナの無担保・無利子・保証料無しは、上昇志向のある経営者にとっては大きなチャンス到来、令和の徳政令ともいうべきものでしょう。

このような企業経営の本質を理解せず、ただ「借金をせず、安定した経営をしたほうがいい」というのは、無知以外の何ものでもありません。こういう会計事務所にアドバイスを求めますか？

Check！

□企業経営に借金は付きものである
□自己資金のみではチャンスを逸してしまう
□無借金経営を勧める会計事務所には退場してもらったほうがいい

74 保険で節税を勧める会計事務所は、本来の保険の意義を理解していない

生保の手数料を副収入にしている!?

保険は儲かります。

だから、会計事務所の中には保険を収入の手段として、自分たちで代理店をやっているところが結構あります。税理士も節税のために保険を勧める人もいます。

保険と財務のことを本当に理解していて、掛け捨てタイプの死亡保障をカバーし、そのうえで利益の繰延も有効打が打てるのであればいいでしょう。しかし多くの場合、法人税が35％まで下がって以降は、実効税率から考えれば納税するほうが利口です。悪銭身に付かず、税金を払っていればお咎めはないのですから、堂々と納税すればいいのです。税理士は本業で収益を上げればいいし、企業も普通に法人税を払えばいい。

私が経営者や会計事務所に言うのは、「銀行融資は連帯保証債務ですから、民法の検

索の抗弁権（※１）、催告の抗弁権（※２）、分別と利益（※３）、これらを頭に入れていって、戦艦の艦長と同じで、社会的責任があるから失敗したら沈むしかないんですよ。沈めるわけにはいかないでしょう」と。こういう情操教育をします。

だから、**借りられるときに借りるだけ借りてもいいけれど、その資金管理がしっかりできなければ必ず痛い目に遭う**と言います。しかし経営者は「連帯保証債務って何？」と訊くので、私は「逃れられないものだ」ということを教えていくわけです。

そして、「社長のように一生懸命頑張っている人に万が一のことがあったりしたら、会社はどうなるの？」と続いて、保険の話をすればいい。

「優秀な社員はいても、社長の代わりはいません。ということは社長が付加価値の何割を占めているか。例えば粗利が５０００万円あったとして、そのうちの８割の４０００万円は社長が作っているんだということを忘れないでくれ。あなたが仕事ができなくなったとき、決算書にどれだけの影響が出るか」

ここまで論理的に保険の重要性を話せば、おおよその経営者はわかってくれます。**保険の加入は、節税云々ではない**のです。**企業防衛のためのリスクヘッジ**なのです。それを安易に節税利用して、自身も手数料という利益を得ようとする会計事務所は即刻退場してもらったほうがいいでしょう。

※1　**検索の抗弁権**とは、例えば、債務者に返済資力があるにもかかわらず、債務者が返済を拒んだことで保証人に請求が来てしまった場合は、「債務者は返済能力があるのだから、主債務者から返済してもらうか、それが叶わないなら、債務者の財産を差し押さえてください」と主張できる権利。

※2　**催告の抗弁権**とは、業者がいきなり保証人に請求をしてきた場合に、債務者が破産していたり行方不明であったりしなければ、「まずは債務者に請求してください」と主張することができる権利。

※3　**分別の利益**とは、例えば保証人が複数いた場合、実際に債務者に代わって返済を行なわなければならなくなっても、借金全額を保証するのではなく、保証人の人数で按分した金額だけを負担すること。

保証人にはこれらの権利が認められているが、連帯保証人（銀行融資は連帯保証人になる）にはこれらの権利が認められていないので、債権者（業者など）が債務者に請求せずにいきなり連帯保証人に請求してきても、文句を言うことができない。

Check!

□生命保険の加入は、企業防衛のためのリスクヘッジとして考える

□保険を安易に節税利用して手数料を稼ごうとする会計事務所は即刻退場

75 粉飾で黒字決算にしようとする会計事務所は、顧問先が経営破綻を招きやすい

無理な黒字決算で得するのは税務署のみ

粉飾への加担は犯罪です。けれども税理士にその自覚は薄いようです。企業の約3割は粉飾をやっていますから、税理士は必ずそれに加担しています。加担しても国税庁・税務署からのからお咎めはないからです。

お咎めがあるのは、黒字を赤字にする脱税です。粉飾というのは、基本、赤字を黒字にするので、税金を支払うことになります。税務署としては何も文句はありませんし、税理士法第一条に定められているように、「……租税に関する法令に規定された納税義務の適正な実現を図ることを使命とする」のが税理士ですから、粉飾しても納税しようとするベクトルが働くのです。

どのような方法で粉飾するかというと、例えば減価償却。減価償却費を計上しない、

あるいは極端に低くするのはケースによっては粉飾とみなされますし、財政状況が著しく下落している場合は、減価償却をしなくてもいいという税務上の取り決めもあります。また、在庫や有価証券、不動産の評価でも粉飾は行われます。上場企業は時価会計主義ですから、資産の実態を表しています。しかし中小企業は取得原価主義のままでいいのです。

中小企業はなぜ取得原価でいいのか？　2つあります。1つは会計事務所のエゴです。もう1つは、すべての企業を時価会計主義に切り替えていったら、日本の中小企業の3割ほどは、（債務超過で）吹っ飛んでしまいます。20年前に1000万円で購入した土地、現在の実勢価格が500万円しかなくても、中小企業の会計では1000万円と計上しても違反ではありません。

投資有価証券とか保険積立金、土地・建物などを時価会計にし、減価償却費のところを加算・減算して、実質の純資産額を計算すべきなのですが、それをやってしまうと多くの会社は債務超過になってしまうのは事実です。また、人件費はいじりませんが、販売費及び一般管理費の経費を適当にピックアップして、消費税のかかる一部の勘定科目を寄せ集めて、「社長仮払金」に切り替えて粉飾するというのはよくあることです。経費の過少計上をして、資産（仮払金）を増やすという粉飾をするのです。

このように、実際に粉飾はかなり行われています。「銀行にお金を借りるときは黒字になっているほうがいい」というのですが、銀行も粉飾をわかっているのではないでしょうか。わかったまま、その部分はスルーして融資案件を上げているのです。「赤信号、みんなで渡れば怖くない」ということなのでしょう。

けれども、粉飾はやはりやってはいけないことなのです。

第一に、余分な税金を払うことになります。資産評価が実質よりも高く、減価償却もなされておらず、経費の一部を仮払金にすれば、相当な利益が出て、その分法人税を納税することになります。経費分については仮払い消費税が減額されて、売上からの仮受消費税ー仮払消費税＝納付消費税ですから、余分な消費税も納税しなくてはなりません。これらは決算後すぐに納税する必要があり、会社のキャッシフローは大きく減るのです。

第二には、経営の実態を示すものでなくなり、経営分析をすると、実際の収益性が低くなり、事業再生計画にも支障が出てきます。

Check!

□粉飾の黒字決算、喜ぶのは税務署だけである
□税務署も銀行も粉飾を見て見ぬふりをする

76 「税金を払ってお金を残しなさい！」と進言する会計事務所を顧問にすべし

経営の真価はキャッシュフローである

「たくさん儲けて、たくさん税金を払いましょう」と進言するのは素晴らしい会計事務所です。しかしながら、そもそも経営者にとって、税金を払うのは嫌なものです。だから利益の出ている会社は、決算前にいろいろな節税（というよりも利益の繰延）を行うわけですが、これが本末転倒になっている場合が多い。

節税の目的は、納税額を低く抑え、社外に資金流出しないようにするためです。法人税の実効税率は約33％です。100万円の利益には33万円の税金が発生するのですが、これを避けるために経費を100万円使うと、つまり67万円キャッシュアウトします。これでは本末転倒です。先述したように、利益800万円までは実効税率は25％です。節税のために100万円経費を使うと75万円もキャッシュアウトします。税金を払わないですみますが、手元には何も残りません。

税の大原則に、費用処理したものを受け入れる場合は「益金処理する」というものがあります。そう言うと税理士は「いや、いったん費用化しておいて、将来赤字になった際に戻入をして課税を回避する」と主張したりするのですが、これは論理が破綻しています。というのは、そもそも赤字経営を目指して会社を経営する人はいません。また、仮に赤字になったとしてもそれは偶然であって、いつ赤字が発生するかわからない時に備えて資金流出させるのは、経済的合理性に欠けます。

利益が出たら、きちんと納税して、手元には「税引き後利益」がしっかり残る会社が最良なのです。それを進言しない会計事務所は顧問にしてはいけません。

■キャッシュフローの違い

●節税しない場合 ➡ 経費を使い節税

税引前利益	100万円	➡	0円
税金	25万円	➡	0円
税引後利益	**75万円**	➡	**0円**

Check!

□節税を目的とした経費の資金流出は経済的合理性に欠ける
□正しく税金を払って資金を残すのが経営の王道である

77 心ある会計事務所は、顧問先企業を事業再生のフェーズにさせない

責任をもって経営者にきちんと進言する

知人の医師と話をしているとき、「患者にとっていちばんよい医師とはどのような医師だと思いますか」と聞かれたことがあります。私は「病気を治すことができる医師です」と答えたのですが、彼は「そうではなく、そもそも病気にならないようにふだんから潜在化しているリスクを患者に説明し、それに対処している医師です」と言いました。

会計事務所も同じです。損益計算や資金繰りの観点から企業が抱える**潜在的なリスクをいち早く発見し、これが顕在化した場合の損害と、予防するためのコストと改善策を経営者に提示し、リスクを回避する。**これこそが、会計事務所に求められるコンサルテーション機能です。そういう会計事務所を財務をメインに企業参謀にすれば、会社が事業再生に陥るようなことにはならないでしょう。

私が規定している事業再生のフェーズは、次のいずれかの要件に該当する場合を指します。

●手元現金が平均月商の1か月を切っている
●実態債務超過÷（直近決算時の税引後利益＋減価償却）＞5
●2期連続経常赤字が発生している

この状態になっている会社は通常、資金繰りが非常に悪く、改善ではなく、改革が必要なぐらいです。

毎月、月次関与している会計事務所であれば、このような状態になる前に経営者に対して警鐘を鳴らし、改善策を進言できたはずです。毎月関与する意味は、本来はここにあります。顧問がいるにもかかわらず事業再生に陥ることは、医療で言えば、毎月健康診断を受けているにもかかわらず、病気について警鐘を鳴らさず、いきなり発病し、生命の危機に立たされている状態です。こんな医師に自分の命を預けられますか？

Check!
□心ある会計事務所は常に潜在リスクを意識して経営者に進言する
□心ある会計事務所は事業再生フェーズになる前に対処法を進言する

78 毎月15日までに前月の試算表を必ず完成させるべし

早く試算表を作成できるかどうかを見る

試算表はナマモノです。あなたの会社の顧問会計事務所・顧問税理士は、当月の試算表を翌月のいつまでに提出していますか？　試算表を早めに、できれば翌月の15日までに完成させるためには、社内の経理体制の構築と、会計事務所の協力が必要です。

社内の経理体制の構築は、自社に経理業務に長けている職員が在籍すればできますが、通常は会計事務所の指導を仰いで経理体制を構築することになります。

会計事務所が会社の経理体制の構築を手伝ってくれないのであれば、そもそも顧問契約の締結を見直す必要があります。

前述しましたが、月次試算表を早く作成するためには、会計事務所に記帳を依頼するよりも、できるだけ自計化する必要があります。自社で会計ソフトを使用して入力するのであれば、15日でなく10日までに試算表を作成することも十分可能です。

自社で経理処理を行わず会計事務所に入力代行を依頼するのであれば、会計事務所にはせめて10日までに資料を送付する必要があります。試算表を早く作成するためには、例えば、従業員の領収書は月末に締め切り翌月5日までに経理部に提出する、仕入業者、外注業者に対しても月末〆の翌月5日到着分までを当月末に支払う、期日を過ぎた請求書の支払いは翌々月末の支払とする、というふうにすれば、業務の効率化を図ることが可能になります。

試算表を早く作成する社内体制が構築できるということは、経理部のみならず、すべての業務について内容を見直し、無駄を省く体制を構築することにつながるものです。**その結果、利益率が3～5%向上する**と言われています。

このように経理体制の構築は利益に直接影響を及ぼすので、これに積極的に関与してくれる会計事務所が望ましいのです。

Check!

□自計化は会社のムダを省き利益率を向上させる
□会社の自計化に協力してくれる会計事務所を顧問にすべし

79

6か月先の資金繰り表を作成して、資金状況を予測する会計事務所を顧問にすべし

経営者の頭の中の半分は資金繰りである

業務の一環として試算表の作成を請け負う会計事務所は多い。ところが、さらに一歩進んで資金繰り表の作成まで請け負っているところは、非常に少ないものです。また、請け負っていても、会計ソフトから連動されて作成されるもので、正確性に欠けるものが多いのが実態です。

正確な資金繰り表を作成するには、まず、過去の資金繰りについては、すべての現預金の動きを紐解き、これを売掛金の回収、買掛金の支払等の項目ごとに集計することで可能になります。これは意外と手間がかかるので、多くの会計事務所は請け負いたがりません。

また、将来の資金繰りについては、売上計画、経費計画、人員計画、設備計画、資金

計画のすべてを反映したものなので、非常に複雑な仕事になり、そもそも会社の業務知識がないと難しいことから、会計事務所はできるだけ関与したがらないものです。

しかし、中小零細企業の経営者にとって、最重要の経営目的は、事業の継続であり、それを実現するために資金を確保することであり、そこがいちばん知りたい情報なのです。ですから、会計事務所が今後６か月の資金繰りを示した表を作成してくれるのであれば、その会計事務所を決して離してはいけません。企業参謀として長く付き合うべきです。

６か月先の資金繰りが見えていれば、夜中に不安で起きることもなく、枕を高くして眠れるというものです。健康にも寄与することは間違いありません。多くの経営者の頭の片隅には、常に「会社の資金は大丈夫か？」という不安があるものなのです。

Check！

- □会計事務所の多くは、資金繰り表の作成に関与したがらない
- □資金繰り表を作成してくれる会計事務所は企業参謀として付き合うべし
- □６か月先のお金の流れが見えていれば、経営者は枕を高くして眠れる

80

仮説を立てられる会計事務所が求められている

経営者とのミュニケーション能力を養いコーチングでコンサルティングする

会計事務所がコンサルティング機能を担い、経営者とともに経営の振り返りができることがこれからの会計事務所に求められます。経営計画・損益計画、そして資金繰り表はその最強のツールです。

この経営の振り返りのときに必要なのは、会計事務所・税理士のコミュニケーション能力とコーチング能力です。経営を振り返り、どのように改善していくかを考えさせるのがコンサルティングの面白いところです。

ところが、会計事務所がいちばん弱いのは、経営者とのコミュニケーション能力やコーチング能力です。記帳代行、税務代行という専門分野でしか仕事をしていませんから、経営者との会話とか議論などは、かえって仕事を増やす要因にもなるので、あえて避けてきたという側面もあります。

コンサルテーション機能を担おうとすれば、経営者とのコミュニケーションはとても重要になります。その場合、ファクトファインディングといって、会計事務所が実状調査をする態勢で経営者と向き合ったとき、事前に質問事項を考えておいて、仮説を立てながら質問しているのならばうまくいきます。

経営計画を作成する場合、ＫＰＩ（Key Performance Indicator）ということを考慮します。事業活動でどうすれば売上が上がるのか、その重要な要因を、ある指標を見ながら判断していくのです。

例えば、その企業はどうやって顧客をつかみながら売上と利益を上げているのか、販売費のうち、重点的に見ていく費用は何か、といった質問をしていくと、経営計画・損益計画のキモが見えてきます。

そして、事業の特徴やポイントをつかんだ上でのコンサルをすればいいのです。ＫＰＩなどを引き出すのは会計事務所の役割ですが、的を射た質問になるとは限りません。**事業の特性やポイントになる指標などについては、経営者のほうから会計事務所に教えていくことも必要です。**

こういった重要な指標やポイントがわかってくると、仮説を立てることができます。

仮説を立てない計画や予測はありません。過去の事業特性や指標から将来の事業展開を想像します。仮説を立てて予想するのは、企業という生き物です。経営者の話や態度、何を考えているんだろうとか、そうした属人的なことも考慮していかない限り仮説というものは立てられません。仮説そのものが何かも考えられない。

これからの会計事務所・税理士に必要なのは、コミュニケーションやコーチングによって仮説を立てられるかどうかです。**仮説を立てながら「タラ・レバ」で対症療法や改善策を編み出す**ことができれば、まさに企業参謀です。これからの経営者はこうしたことを会計事務所に求めてほしいと思います。単なる税務代行にしておくのはモッタイナイのです。

Check!

□仮説を立てるには経営者とのコミュニケーションが必須
□仮説を立てるにはＫＰＩを理解していなくてはならない
□税理士が経営者と一緒に仮説を立てられれば企業参謀になれる

81 これからの会計事務所はコンサルテーション機能を担うべし

存在理由がなければ淘汰される

経営者は会計事務所とはコミュニケーションを密にとったほうがいいでしょう。一緒に経営の振り返りをするのです。具体的には損益と資金の振り返り、つまり損益計算書と資金繰り表を作成し、それをもとに、予定されている「経営計画・損益計画」を照合して、経営がどのようになっているか、資金は円滑に回っているか、是正すべき点などはないか、を検討するのです。

現在は会計事務所の社会的地位が低いので、規模によって差はあるものの会計事務所の毎月の顧問料はおおむね3万円程度です。これではせいぜい試算表を作成するのが精いっぱいでしょう。資金繰り表や経営計画・損益計画までは関与してくれないのは当然です。

毎月、決められたときに振り返りをして、自社の経営がどのようになっているのか、会社のお金がどんなふうに動いているのか、経営者が理解するまでやります。そのときのお手伝いは身近な会計事務所がいちばんなのです。

経営計画・損益計画を作成し、月次で12か月分を予測します。そして、現実に出てきた試算表と比較して振り返りをやっているのであれば、その会社は絶対に潰れません。経営が厳しい状況になったとしても、月次でプラスマイナスがわかれば傷が浅いうちに修正できます。

経営計画・損益計画は大雑把でもいいので、直近1年間の予定を12か月分に細分化します。それと同時に、過去36か月~60か月の経営の振り返りをして、その傾向を見ながら、12か月分の予定の資金繰り表を作ります。

そのときに、売上やそれ以外の収入になるものは回収条件、手形比率、現金比率、締め日がいつなのか、あとは支払いについての支払条件などを反映させます。税金や保険料もすべて予定に入れておきます。

また、A事業、B事業、C事業と、各事業によっても入出金のサイトは異なります。翌月に入金されるものや3か月後、6か月後などがあり、支払いも仕入も異なるので、それぞれの要素を入れていくしかありません。

これらは最初は完璧なものにはなりません。ヒアリングして修正していって、徐々に精度の高いものになっていきます。こうした**自社独自のものができれば、経営者はお金を払います。これほど便利で有用な資料はない**からです。

すべての企業に汎用的に使える資金繰り表なんてものはできるわけがありません。また、会計ソフトでは資金繰りにリンクしないので、各企業の特性を考慮した個別の資金繰り表を作ることはできません。

前述のように、中小企業の経営者自らがこうした資料を作成できるのは稀ですし、作成できたとしても、仕事の優先順位はまた別のところにあります。だからこそ、会計事務所が関与する意味があるのです。

Check!

□経営計画・損益計画は、会計事務所のサポートで作成するのがベター
□毎月の経営の振り返りも、会計事務所と一緒に行うとよい
□税務顧問から経営顧問へと会計事務所にレベルアップしてもらう

82 何だかんだ言っても、本当の意味での相談相手は税理士しかいない

お金や経営の相談は家族よりも税理士

クライアントの事業再生のお手伝いをして、何がしかの提案をすると、最初の頃は「顧問税理士に確認します」と言われることがあります。悔しいですが、経営者はやはり税理士に信頼を置いています。

中小企業白書によれば、中小企業の経営者のうち他者に定期的な経営相談をしている人は35・7%で、その相談の相手としていちばん多いのが顧問である税理士の68・1%、次が経営幹部の34・9%、続いて家族の27・4%でした（複数回答）。

考えれば当然のことで、家族経営をしている会社であっても、経営者はお金のことを家族にも相談しづらいし、また、全くの外部の第三者には相談できないものです。

そこで、お金のことも含めて相談相手としては、税理士が適任となります。税理士は

月次関与を通じて会社の財政状態を適時適切に把握しているので、相談相手としてはうってつけなのです。また、日々の業務だけではなく、事業の承継、相続など、税金の相談には切っても切れない関係なので、顧問税理士とは一生付き合っていきたいと考えています。

ところが、その税理士が年に一度ぐらいしか顔を見せず、また、月次の処理は事務所の職員に任せっぱなしであればどうでしょうか？　経営者はそのような税理士に相談したいでしょうか？

相談しても、適切な解が提示されるとは考えられないので、経営者が税理士に期待する役割はどんどんレベルが低下していきます。税理士は、税金の計算だけではなく、その会社を注意深く見守り、経営者からのいちばんの相談相手になっていただきたいものです。

Check!

- □税理士は、会社の内実、資金状況、経営者の資産状況を知っている
- □家族に相談できないことでも、□の固い税理士には相談できる
- □経営者は、信頼できる税理士とは一生付き合いたいと思っている

あとがき

コンサルテーション機能を持っている会計事務所は、どんなにITが発展しようがすぐれたAIが開発されようが、通常の業務以外に、しっかりした管理会計に基づくコンサルティングをしていれば、絶対に捨てられることはありません。なぜかというと、数字の元となっているのは人間だからです。最後は人間が判断することです。仕訳や経理代行などは経理ソフトやAIなどに任せられるかもしれませんが、コンサルテーションはできません。会社の強みや弱みもわからないし、経営分析もできません。

このような機能を有している会計事務所は、一定額以下では顧問を引き受けないでしょう。それは十分な付加価値を提供できる能力があるからです。付加価値とは、他人が真似できないことです。会計事務所も生き残りをかけているのです。付加価値を編み出すのは、進化論でいう「環境の変化に対応する」ためです。

これからの時代、特にウィズ・コロナ、アフター・コロナの時代に、融資の返済ができない会社がどんどん増えてきます。

借りたお金というのは、きちんと使わないと消化不良を起こします。今回、コロナ対策で、企業にとっては「借りなきゃ損」という状況になり、多くの中小企業はどんどん借りました。なぜ借りるかというと、まず既存の融資の借り換えです。

これが保証料免除、金利も3年間はゼロなら、仮り替えたほうがいいに決まっています。さらに、現在借りている融資額以上の資金を借りようとします。なぜそうしようとするかといえば、不安だからです。そうしておいて、特に心配なことがなければ、どんどん返済していけばいい。経営者の多くはそういう意識です。

ところが、計画性なく借りた人は、その資金を使ってしまうのです。だからこそ、銀行と会計事務所が情報を共有してこれに対処すべきなのです。

経営計画・損益計画と資金繰り表は、財務会計でなく、むしろ管理会計に属する分野です。本来ならば、銀行は会計事務所と連携して、経営計画に沿って、実際の経営がどうなっているか試算表を吟味します。さらに、資金繰りが予定どおりになっているかどうか、そうしたことを企業と一緒になって検証していきながら融資を検討し決めていく、というスキームでなければなりません。

しかしながら、今までの銀行は、こうしたスキームではあまりやってこなかったのが実態でしょう。ところが令和の時代になると、本当に社会経済環境は厳しくなっていきます。日本の人口はずっと減っていくでしょう。コロナで経済活動はシュリンクしたまま、以前のようには戻りません。コロナ対策のカンフル剤を打ってその効き目があるうちはなんとか生き延びられますが、日銀は、コロナが終息したあとの経済の回復は7割程度だろうと予測しています。つまり、どうしてもある一定割合で倒産する企業が出てくるということです。

すると、そこにお金を貸している銀行の経営もゆらぎます。他行との吸収合併がどんどん進んできますし、銀行員もリストラされていきます。

こんな不透明な時代に生き残っていくためには、今までのやり方は通用しませんから、企業はより密接に会計事務所や銀行と情報共有し、経営を「見える化」して、三者で協力し合いながら乗り切っていくしか方法はないのです。

企業が倒産すれば、それをサポートしている銀行や会計事務所も損失を被ります。三者の中で生産活動を行っている（利益を生み出している）のは企業だけです。その企業の経営がうまくいくようにしていかなければ、銀行も会計事務所も、捨てられるか、消えていく運命にあるのです。

著者

《主要フォームの入手》

㈱しのざき総研のメルマガ購読及び、㈱マネジメント社のメルマガ「兵法講座」の購読や新刊情報、セミナー情報（主催または後援するセミナーに限る）の案内を受け取るための登録をすると、本書に記載されている資金繰り表等のフォームを無料で入手することができます。

入手できるフォーム類は、以下の７つです。

(1) 資金繰り表の例
(2) 銀行が求める一般的な資金繰り表
(3) 販売先（仕入先）取引管理表
(4) 資金繰り表（6か月先までの資金予想）
(5) 戦略➡戦術への落とし込み
(6) 損益計画の例（中期計画）
(7) 重点具体策とアクションプラン

詳しくは https://mgt-pb.co.jp/shikin/ にアクセスしてください。

【著者紹介】

篠﨑 啓嗣（しのざき・ひろつぐ）

株式会社しのざき総研 代表取締役
日本財務力支援協会有限事業責任組合代表理事

大学卒業後、群馬銀行入行。在籍10年間のうち融資及び融資渉外を通算9年経験。融資案件800件を通じて財務分析・事業性評価のスキルを身につける。その後、日本生命、損害保険ジャパン、事業再生コンサルティング会社等でリスクマネジメントスキルと経営計画策定、資金繰り実務を身につける。
代表作『社長さん！ 銀行員の言うことをハイハイ聞いてたら あなたの会社、潰されますよ！』（すばる舎）は10万部を超えるヒットを飛ばす。ほかに『SWOT分析を活用した「根拠ある経営計画書」事例集』（マネジメント社、共著）など、著作は10冊以上。
【公式HP（会社）】http://shino-souken.co.jp/
【公式HP（日本財務力支援協会）】http://zaimu-mado.com/

西川 佳德（にしかわ・よしのり）

株式会社イージスコンサルティング 代表取締役

大学卒業後、起業し、20代で経営と事業再生実務に取り組む。その経験から中小企業の管理会計の必要性を痛感、会計事務所勤務による実務経験を経て、事業再生コンサルティング会社に入社。自ら事業再生コンサルタントとして現場を担当すると同時に、お客様相談担当責任者を務め、在職中に1,032社の経営者と面談、解決策を提示する。

2015年8月、株式会社イージスコンサルティングを設立し、事業再生コンサルタントとして活躍中。

専門分野は
・製造業、建設業の原価管理と工程管理
・経理体制の構築
・銀行対応（資金調達、返済猶予、代位弁済等）
・資金繰り対応
【公式HP（会社）】https://aegis-c.com/about/

社長！ こんな会計事務所を顧問にすれば
あなたの会社 絶対に潰れませんよ！

2021 年 5 月 10 日 初版 第 1 刷 発行
2021 年 6 月 18 日 第 2 刷 発行

著　者 篠﨑 啓嗣／西川 佳徳
発行者 安田 喜根
発行所 株式会社 マネジメント社
東京都千代田区神田小川町 2 - 3 - 13
M&C ビル 3 F（〒 101 - 0052）
TEL 03 - 5280 - 2530（代表）
https://www.mgt-pb.co.jp
印刷 中央精版印刷 株式会社

ISBN978-4-8378-0497-0 C0034